黄际遇日记类编

畴盦坐隐

黄际遇 著
黄小安 何荫坤 编注

中山大学出版社
·广州·

版权所有　翻印必究

图书在版编目（CIP）数据

黄际遇日记类编. 畴盦坐隐/黄际遇著；黄小安，何荫坤编注. —广州：中山大学出版社，2019.8

ISBN 978 - 7 - 306 - 06676 - 3

Ⅰ.①黄…　Ⅱ.①黄…②黄…③何…　Ⅲ.①黄际遇（1885—1945）—日记　Ⅳ.①K826.11

中国版本图书馆 CIP 数据核字（2019）第 174901 号

Huangjiyu Riji Leibian Chou'an Zuoyin

| 出 版 人：王天琪 |
| 策划编辑：嵇春霞 |
| 责任编辑：靳晓虹 |
| 封面设计：林绵华　何　欣 |
| 封面绘图：周　桦 |
| 责任校对：潘弘斐 |
| 责任技编：何雅涛 |
| 出版发行：中山大学出版社 |
| 电　　话：编辑部 020 - 84110283，84113349，84111997，84110779，84110776 |
| 　　　　　发行部 020 - 84111998，84111981，84111160 |
| 地　　址：广州市新港西路 135 号 |
| 邮　　编：510275　　传　真：020 - 84036565 |
| 网　　址：http://www.zsup.com.cn　　E-mail: zdcbs@mail.sysu.edu.cn |
| 印 刷 者：佛山家联印刷有限公司 |
| 规　　格：787mm×1092mm　1/16　13.25 印张　275 千字 |
| 版次印次：2019 年 8 月第 1 版 |
| 定　　价：68.00 元 |

如发现本书因印装质量影响阅读，请与出版社发行部联系调换

黄际遇在青岛时的留影（原载《黄任初先生文钞》）

《黄际遇先生文集》序[①]

◎ 黄海章[②]

际遇先生字任初，早岁沉酣经史，学养精深。值晚清政治腐烂，内忧外患，相迫而来，思有以拯溺救焚，乃东渡日本，穷探数天之学，以期施诸实际，旋赴美国，益事深研。学成归国，曾任武昌高等师范学校、河南大学、山东大学、中山大学数天（数学、天文学）系教授，作育英才，声誉卓著。暇则穷探中国古籍，以存国学之精微。在武汉时，与黄侃先生为深交。商榷古今，所治日进。黄侃先生殁，曾为文致悼，情词深挚，动人心腑。先生平昔长于骈文，仰容甫、北江之遗风，摒弃齐梁之浮丽，吐词典雅，气象雍容，当日号为作手。除在中大数天系任教外，兼任中文系教授。讲授"骈文研究""《说文》研究"。沟通文理之邮，除先生外，校中无第二人。平昔治学甚勤，为《因树山馆日记》数十册。其中除讨论学术、文章外，象棋技艺亦在所不遗。先生棋艺甚精，与南粤诸高手角，亦互有胜负。而书法雄劲，光采照人，固不独以数天专家名焉。

一九三八年十月，日寇侵犯广州，形势危急，中大乃迁至云南澄江，后又迁回粤北坪石。而寇氛日炽，先生随理学院转移连县。抗日战争胜利后，由北江南下，不幸失足堕水，拯救无效。得年六十一岁。群情嗟悼，以为文理两院，竟丧斯人，实学术界之不幸云。

先生遗文颇多，因卷帙浩繁，势难全印，乃择其中一部分，公诸社会，存其梗概，庶几不堕斯文。

余于先生为后进，初在中大任教时，屡相过从，请益无倦。先生亦不余弃，奖掖有加。在坪石时，文理两院曾隔江相望，亦屡有晤面。先生意气豪放，谈笑风生，闻者为之倾倒。至今数十年，风采如在目前。哲嗣家教，治语言之学，于方言调查，尤所究心。在中大中文系任教三十余年，克尽厥职，门墙桃李，欣欣向荣。先生后继有人，可以无憾。

"文革"前有刊先生文集之议，余曾为作序。十年动乱，触目惊心。据家教

[①] 原载《中山大学学报》1990年第1期，第99页。

[②] 黄海章（1897—1989年），字挽波，号黄叶，广东省梅州市梅县区人。国立中山大学教授。中国古典文学著名学者，尤精于《文心雕龙》研究，有《中国文学批评论文集》《中国文学批评简史》《明末广东抗清诗人评传》《黄叶楼诗》等著作。

学兄云，该序已经散失。此次重编先生遗文，复请余序其端，余追惟先生之学问文章，言论风采，不辞鄙陋，复缀小言。数十年如石火电光，倏然消逝，余亦白发盈颠，皱面观河，迥殊往昔。所幸神州旭日，照耀人寰，先生有灵，亦当含笑于地下。

1982 年 12 月

《黄任初先生文集》序

黄海章撰　黄家教书

際遇先生字任初，早歲沉酣經史，學養深值。晚清政治腐爛，內憂外患相迫而來，思有以拯溺救焚，乃東渡日本窮探敷天之學，以期詭譎諸貢際旋赴美國益予深研學成歸國，曾任武昌高等師範學校河南大學山東大學中山大學教學兼教授，作育英才聲譽卓著。暇則寢情詞深摯勤人心腑探中國古籍，以存國學之精微。先生平昔長於馴支卿弇甫北江之遺趾，擅章齊梁之淨麗吐辭典雅氣象雄畜日號為文致悍淨。

黄伉先生殷天集教外兼中。大戰天集講授馴支研究說文研究導通文理之郵，除先生棋藝無第三人平昔治學長於先閏樹山館日記數十冊，其中除討論學術文章外，象棋技藝亦在紡不遺。先生棋藝精。

粵諸高考亦至有勝負，書注雜石無棄照人因不禍以敷天事，家為馬殼點敷得軍六十歲辛南離江緣回粵北岸名池嶺。元五六年十月見侯虎廣州都都之遠處不充克衰人人書字南風，殷殘曾稱律建縣此以戰事難劫。轉徒相遇和自相憶念祖分笑朝。

河迴珠途咨石神卅旭日棋璋人寶先生為禁非常念笑欸地下。

黄海章老師撰
家教敬錄

（注：黄家教是黄際遇的三儿子，本书编注者黄小安的父亲。序的手稿与原文略有不同。）

《黄际遇日记类编》序

◎黄天骥

近日，黄小安女士把即将出版的《黄际遇日记类编》（简称《类编》）交给我看，并嘱我作序。我始而惶恐，因为我早就听说，小安的祖父黄际遇教授，是近代学坛文理兼长的旷世奇才，像我这样水平浅薄的后辈，实在不敢置喙。但一想，通过阅读黄际遇教授的日记，学习前辈大学者的学术思想，了解从晚清到抗日战争时期社会的状况，体察在这一历史阶段知识分子的生活方式和心态，对提高自己对我国近现代学术思想、教育理念发展的认识，实在也是难得的机会。因此，便接过小安送来的校样，欣然从命。

我在1952年考进中山大学中文系，后来留校任教，也从詹安泰、黄海章等老师口中，约略知道中大曾经出现过无与伦比的黄际遇教授。黄老教授的哲嗣黄家教先生，师从王力教授，从中央民族学院进修回来后，在中大中文系任语言学科讲师，是我的老师辈。他和他的夫人龙婉芸先生与我过从很多，但也只从他俩的只语片言中知道黄际遇教授酷爱研究象棋，写过许多棋谱而已。总之，我知道黄际遇教授是学术界的名家，是传奇式的大学者，至于有关他的具体情况，却知之不多。这次小安把《类编》的校样和有关资料交给我看，浏览一遍，真让我眼界大开，五体投地。

黄际遇是广东省澄海县人，出身望族，诗礼传家，14岁即参加科举考试，成为同试中最年少的秀才。当时，风气渐开，清政府也开始派遣一些青年才俊到海外学习科学知识。黄际遇在18岁的时候，被广东官派到日本留学，专攻数学，成为日本著名数学家林鹤一博士的高足。可以说，他是我国早期专攻西方数学的留学生之一。回国后，他立刻从事数学、物理学科的教学科研和组织工作。1920年，他受当时教育部委派，到美国考察和进修。两年后，又获得芝加哥大学科学硕士学位。

黄际遇教授的一生，主要从事理科特别是数学、天文学科的教学科研，以及从事在全国范围内组织推动科学发展的工作。他担任过多所著名高校的理学院院长、数学系主任，出版过高质量的数学教材和译著、论著，被公认为卓越的数学家和开创我国现代高等数学教育事业的元老。最让人惊奇的是，他在国立山东大学担任理学院院长时，闻一多先生辞去文学院院长一职，他竟能双肩挑，兼任文学院院长。更令人意外的是，他在国立中山大学任教时，除了在理学院、工学院讲授主要课程以外，还常到中文系开设"骈文研究""《说文》研究"等艰深的课程，并且受到广大学生的赞誉。今天，我看到他留下的日记手稿，全是以文言文写成，文章有时简约畅练，有时骈散兼备，有时更是全篇流丽典雅的骈文。看得出六朝辞赋、西汉文章，他均烂熟于胸，可以信手拈来，随心驱使。他还擅长书法艺术，行草篆隶俱精；对象棋艺术，也深有研究，能与当时广东棋坛的"四大天王"对弈，互有胜负，曾写就多达50册的棋谱《畴盦坐隐》。像他那样思路开阔、能够贯通文理的大师，在我国的学术史上实为罕见。

　　黄际遇教授有每天都写日记的习惯。在《类编》丛书中，收录有他在国立山东大学和国立中山大学工作时期的日记。此外，还有"读书札记""读闻杂记"等多种笔记。在日记里，黄际遇教授或记事，或抒情，虽以文言写成，言简意赅，或以典故隐寓，曲笔寄怀，但都能让我们觉察到他曲折的心路历程。在早年，他参加过孙中山的同盟会，以科学救国为己任。在抗日战争时期，他看到山河破碎，悲愤不已，那一段时期的日记，贯穿着浓重的家国情怀。在日记里，他记录了许多珍贵的史料，也让我们看到民国初年和抗日战争时期学坛中许多知识分子的思想状态和生活方式。换言之，黄际遇教授的日记，虽然是文绉绉的，却又是活生生的。这是一部如诗如史的典籍，它对研究近现代历史，包括学术史、思想史、社会史的学者来说，都有很珍贵的参考价值。

　　研读黄际遇教授的日记，也引发我对一些问题的思考。

　　在许多人看来，数学与文学，是完全不同的学术领域，前者重逻辑思维，后者重形象思维，二者似乎毫不相干。其实，在人的大脑中，这两种思维能力同时存在，甚至本来就互相依存。问题在于，人们有没有把二者融会贯通的禀赋。

　　我在中大，曾多次听到数学教授们对某些数学论文的评价，说它们"很美"！我愕然，不知道那枯燥的数字和公式，和"美"有什么关系？后来向数学系的老师请教，才知道如果在数学论证的过程中，能发人之所未发，或鞭辟入里、一剑封喉，或奇思妙想、曲径通幽，这就是"美"。而要达到美的境界，科学家需要有丰富的想象力。如果说，推理能力与逻辑思维有关，那么，想象能力便涉及形象思维的范畴。因此，数学家之所谓"美"，和文学家之所谓"美"，实质上是相互联系的。显然，研究理工的学者，如果没有形象思维能力，缺乏人文情怀，他的成就也只能是有限的。同样，从事文学工作的人，如果只有想象力却缺乏逻辑思维能力，那么，尽管他浮想联翩，说得天花乱坠，终嫌浅薄，乃至于被人讥之为"心灵鸡汤"。

　　当然，要求学者们把逻辑思维能力和形象思维能力二者贯通，能够像黄际遇教授那样文理兼精、中西并具，能够任教不同的学科，能让两种思维能力水乳交融，在学术上达到发展创新的水平，谈何容易！何况，黄际遇教授曾任多所名校的校长、学院院长，说明他具有出色的行政能力；他又精于棋艺，能以"盲棋"

的方式战胜对手,说明他具有惊人的记忆力;他又是书法名家,能融合各体书艺,自成一格,更说明他具有非凡的审美能力。这一切,在他的身上,包容整合,融会贯通,成就为黄际遇"这一个"的独特风格,这绝非一般人之所能为。但是,高山仰止,景行行止,虽不能至,而心向往之,尽管黄际遇教授的学术造诣,我辈无法企及,但他治学的思想和道路给我们指出了如何有效提升学习水平的方向。

我们从有关资料上得悉,在少年时期,黄际遇教授即饱读诗书,过目不忘,特别精研《后汉书》,在中国古代文学、哲学、史学方面打下了扎实和广博的基础。在留日期间,他和章太炎、陈师曾、黄侃等学者订交,受他们的影响,对音韵学、训诂学、文字学都有深入的研究。固本培元,六艺俱精。而在清末民初,许多青年才俊已经认识到科学救国的重要性,在现代学科越分越细的情况下知道在学习上更需注重专业性。这一来,社会的学习风气,从科举时代提倡培养全才、要求"君子不器"转向"学有专攻"的方向发展。黄际遇教授多次赴日赴美留学考察,均瞄准现代数学,正是当时知识分子学习转型的表现。然而,由于中国的传统文化早就深入地渗透了他的每一个脑细胞,这就使他在现代数学、天文学方面取得辉煌业绩的同时,又在古代文学和语言学方面取得非凡的成就。在学术上,数学的美和文学的美,他各有体悟,又相互促进、相得益彰。可惜,他意外遇溺,逝世过早,他所开创的治学方向,人们还来不及研究和继承。在今天,在需要更进一步研究教育问题的时候,对黄际遇教授治学中西兼备、文理沟通的成功经验,我们应该从中得到启迪、充分发扬,为创造性地增强文化的自信力而奋进。

感谢小安让我读到《黄际遇日记类编》的初校稿。在20世纪50年代中,我初任中大助教时,常和小安、小龙、小芸、小苹四兄妹,在西大球场玩耍,他们竟把我这男青年戏称为"大家姐"。当时,小安还只有一两岁,往往要靠我抱起来,攀扯到单杠的横杠上。转眼间,60多年过去,小安已成为很优秀的摄影家,而且还有了自己的小孙女。使我感佩的是,她和何荫坤先生在退休后决心对祖父遗下的日记进行编勘注释,以便让更多的人知道黄际遇教授在学术上的卓越贡献,让更多的学者能利用这一份具有文献价值的文化遗产进行各方面的研究和探索。由于小安夫妇并非从事文史专业的工作,因此,检索史料、实地查询、注释章典,需要耗费大量的劳动。据我所知,他俩锲而不舍,辛勤地花费了长达整整10年的时间,最终才完成了这项十分繁难的工作,了却其父黄家教先生未了的心愿。现在,这部篇幅宏大的日记能获出版,我想,黄际遇教授在天之灵,定会对后人纪念之诚感到宽慰;广大的读者和学者,也将万分珍视这两位编注者为学坛做出的成果。

2019 年 2 月 23 日于中山大学中文堂

祖父黄际遇事略

◎黄小安

在编注祖父黄际遇日记的过程中，不少前辈均建议应有篇"事略"或"简历"，先让读者有个大概的了解。我们以日记为主，整理的事略大体如下：

祖父黄际遇，字任初。后自号畴盦。

1885年五月十三日（农历）出生于广东省澄海县。父黄韫石（1842—1925年），字梦豀，清贡生，以廉干参与县政者数十年，董澄海县节孝祠事。兄黄际昌（1868—1900年），字荪五，廪膳生（1882年，受知广东学政、侍讲学士叶大焯）。祖父少时依兄受文章。

1898年，应童子试，受知师张百熙（1847—1907年）先生。入秀才，补增生。"先生以戊戌按试粤东。"

1901年，修学于汕头同文学堂，师承温仲和、丘逢甲、姚梓芳等。姚梓芳（1871—1951年），号秋园。两人自始为忘年交。

1902年，考入厦门东亚同文书院，补习日文，为东游计。

1903年，继续负笈厦门东亚同文书院。7月16日，与7位厦门东亚同文书院的潮州籍同学，联袂由汕头乘船赴日本留学。8月，抵达日本，入宏文学校普通科学习。其间，认识陈师曾、经亨颐等，共同赁屋而居并成为至交。

1905年，加入孙中山领导的中国革命同盟会。

1906年，曾习经以度支部右丞奉清廷之命往日本考币制，祖父以乡后进礼接待先生旅次，自始两人结识，并为忘年交。4月，自宏文学校毕业，入东京高等师范学校（今东京大学）数理科，从日本数学家林鹤一博士习数理。学校假期，与陈师曾联袂回乡探亲，并到南京中正街师曾宅进见师曾尊人陈三立，并与师曾六弟陈寅恪订交，"临行，老六以《张濂亭集》为赠，并署曰：'他年相见之券'"。

1908年10月19日，日本政府借《民报》激扬暗杀为理由，下令禁止《民报》发行，并对《民报》编辑人兼发行人章太炎进行审讯、判决和拘留。"先生于是无所得食矣，穷蹙日京曰大冢村者，聚亡命之徒十数人，授以《毛诗》及段注《说文》，月各奉四金为先生膏火，际遇之及先生门自此始也。"其间，与黄侃、汪东、朱希祖等认识。

1910年5月，获东京高等师范学校颁发毕业证书，同时获理学士学位。自日本学成归国。初，受聘于天津高等工业学堂任教。下半年，清政府按照惯例对归国留学生按科举方式进行考试。进京殿试，中格致科举人。

1911年，在京与曾习经、罗瘿公交往。每由津入京，均住在陈师曾处。

1915年，到华中区的国立武昌高等师范学校（今武汉大学）任教授，兼数理部主任，期间一度出任教务长。学生有曾昭安、张云、辛树帜等。寓居武昌期间，与吴我尊、欧阳予倩交往密切。

1919年，黄侃由北京大学转教国立武昌高等师范学校。祖父与黄侃持论不同，却是终身挚友。

1920年，游学美国芝加哥大学，师事 E. H. Moore 大师。

1922年，获芝加哥大学科学硕士学位。学成回国，途经日本，在东北帝国大学见到陈建功，约请陈毕业后到国立武昌高等师范学校任教。从美国回来后，曾一度在国立广东高等师范学校（中山大学前身）任教。

1923年，国立武昌高等师范学校改为国立武昌师范大学，任新成立的数学系系主任。

1924年，陈建功如约到校（当时称国立武昌大学），学生有曾炯之、王福春等。祖父向校方推荐陈建功再次出国深造，并提及黄侃事，"与校长意见相左"，后应河南开封的中州大学（今河南大学）校长张鸿烈之邀，到该校主持数理系兼校务主任。

1926年，奉系军阀盘踞开封，中州大学处于停顿状态。祖父应聘任广州国立中山大学教授。

1928年，经黄敦兹介绍，河南省主席冯玉祥敦请祖父至河南省立中山大学（也称国立第五中山大学，今河南大学）任教。祖父向广州国立中山大学请假，再度北上，任该校数学教授兼校务主任。

1929年，河南省立中山大学校长致函广州国立中山大学，请慨允黄际遇先生留河南中山大学任教。5月，祖父任该校校长，兼河南省教育厅厅长。

1930年3月，中原大战爆发。5月，"罢官河洛"。9月20日，祖父参加国立青岛大学正式成立会议，任该校数学教授兼数学系系主任、理学院院长。在国立青岛大学时，与杨振声、赵太侔、闻一多、梁实秋、陈命凡、刘本钊、方令孺并称为"酒中八仙"。

1932年，国立青岛大学改名为国立山东大学，祖父任数学教授兼数学系系主任、文理学院院长。与文学院张怡荪、姜忠奎、游国恩、闻宥、丁山、舒舍予、萧涤非、彭啸咸、赵少侯、洪深、李茂祥、王国华、罗玉君等，理学院王恒守、任之恭、李珩、王淦昌、蒋丙然、王普、郭贻诚、汤腾汉、傅鹰、陈之霖、胡金钢、王文中、曾省、刘咸、林绍文、秦素美、沙凤护、李达、宋智斋、李先正、杨善基等，以及杜光埙、皮松云、邓初先、郝更生、高梓、宋君复等来往较频繁。其间，与罗常培互订音韵学研究。

1936年1月，山东省政府借故将其每月给国立山东大学的3万元协款压缩为1.5万元，给学校带来很大的经济困难，祖父极感失望。在张云、何衍璿、邹鲁的协助下，祖父于2月13日自青岛启程南归；2月27日回到广州；3月，到国立中山大学（石牌），在理学院、工学院授"微分几何学""连续群论"二课，在中文系授"骈文研究""《说文》研究"二课。在中大期间，校内与黄巽、古直、龙榆生、李沧萍、黄敬思、曾运乾、李雁晴、王越、黄海章、萧锡三、胡体乾、林本侨、刘俊贤、张作人、孔一尘、邹曼支、戴淮清等，校外与陈达夫、林砺儒、杨铁夫、张荃等来往甚密。另外，经何衍璿介绍，结识了"粤东三凤"黄松轩、曾展鸿、钟珍，以及卢辉、冯敬如等当时国内象棋专业高手。

1937年，卢沟桥事变后，日军军机肆意轰炸广州。国立中山大学各学院分散上课，除工学院依旧在五山外，文学院回旧校址（文明路），法学院就附属中学，理学院就小学。祖父因为要为理、工、文三学院授课，故在空袭警报声中于市区、郊区之间往返。

1938年9月，国立中山大学西迁至云南澄江。祖父避难香港。

1940年9月，国立中山大学由云南澄江迁往粤北坪石，祖父重回中大，任数学天文学系主任，兼授中文系骈文课，又兼任校长张云秘书。

1941年，介绍黄海章重回国立中山大学中文系任教。

1944年4月，以老教授代表衔与代理校长金曾澄、教务长邓植仪欢迎盛成教授到中山大学任教。端午前夕，盛成教授赋诗贺黄际遇六十华寿。

甲申端午前夕贺黄际遇教授六十大寿

潮流往后不堪闻，声入心通请寿君。
艾壮韩汀惊岭客，蒲安坪石外溪云。
思家怕过他乡节，饮酒有孚靖塞氛。
醉后自寻仙境路，六经数理妙斯文。

是年夏，日军逼近坪石，理学院组织疏散，第一批教职员家属溯武水至湖南临武县牛头汾圩，临武人士闻知，邀祖父黄际遇到力行学校讲学，主要讲《说文》和古文。秋，李约瑟拜访盛成，盛成约黄际遇等教授一齐欢迎李约瑟。

1945年1月，坪石沦陷，祖父避居临武五帝坪。5月，他重返力行学校。8月，日军投降，抗日战争胜利。10月17日，国立中山大学连县分教处师生自连县起锚返广州。10月21日，舟次清远白庙。凌晨，更衣失足落水，遂罹难。11月，教育部特派员张云、新任校长王星拱、代理校长金曾澄、教务长邓植仪、总务长何春帆联合发起组织治丧委员会。12月16日，国立中山大学在广州市区文明路附属小学礼堂为祖父黄际遇举行追悼会。同时，治丧委员会决定出版黄际遇著作并筹集专项奖学基金。12月23日，国立中山大学潮籍员生联合广州城各机关潮州同乡，再假广州市区文明路附属小学礼堂，为祖父黄际遇等该校潮州籍死难员生举行追悼会。广东省政府委员詹朝阳代表省政府主席罗卓英主祭。

  1947年，中山大学呈请教育部褒扬已故教授黄际遇，经教育部呈行政院转呈国民政府。国民政府特于2月8日颁布褒扬令。褒扬令全文如下："国立中山大学教授黄际遇，志行高洁，学术渊深。生平从事教育，垂四十年，启迪有方，士林共仰。国难期间，随校播迁，辛苦备尝，讲诵不辍。胜利后，归舟返粤，不幸没水横震。良深轸惜，应予明令褒扬，以彰耆宿。此令。"

  1949年，由詹安泰教授、张作人教授等编辑的《黄任初先生文钞》出版，中有张云校长、詹安泰教授序文各一，列为中山大学丛书之一。

目　录

引　言 …………………………………………………………… 001

《万年山中日记》第三册（1932 年 9 月 19 日）……………………… 003
《万年山中日记》第五册（1932 年 10 月 31 日）…………………… 004
《万年山中日记》第六册（1932 年 11 月 4 日）……………………… 005
《万年山中日记》第十二册（1933 年 9 月 20 日—10 月 13 日）…… 006
《万年山中日记》第十三册（1933 年 11 月 12—25 日）…………… 009
《万年山中日记》第十四册（1933 年 11 月 28 日—12 月 13 日）… 014
《万年山中日记》第十九册（1934 年 5 月 27 日—6 月 25 日）…… 015
《万年山中日记》第二十册（1934 年 8 月 24 日）………………… 018
《万年山中日记》第二十一册（1934 年 9 月 5—17 日）…………… 019
《万年山中日记》第二十四册（1934 年 12 月 12—28 日）………… 024
《万年山中日记》第二十五册（1935 年 3 月 8 日）………………… 029
《万年山中日记》第二十六册（1935 年 3 月 31 日—5 月 1 日）…… 030
《不其山馆日记》第一册（1935 年 11 月 13 日）…………………… 033
《不其山馆日记》第二册（1935 年 12 月 31 日）…………………… 035
《不其山馆日记》第四册（1936 年 1 月 17 日—2 月 1 日）………… 036
《因树山馆日记》第一册（1936 年 2 月 14 日—5 月 4 日）………… 037
《因树山馆日记》第二册（1936 年 5 月 16 日—6 月 28 日）……… 043
《因树山馆日记》第三册（1936 年 7 月 29 日—9 月 22 日）……… 050
《因树山馆日记》第四册（1936 年 9 月 26 日—11 月 11 日）……… 056
《因树山馆日记》第五册（1936 年 11 月 13 日—12 月 6 日）……… 061
《因树山馆日记》第七册（1937 年 3 月 28 日—5 月 8 日）………… 065
《因树山馆日记》第八册（1937 年 5 月 13 日—6 月 22 日）……… 073
《因树山馆日记》第九册（1937 年 8 月 7—11 日）………………… 083
《因树山馆日记》第十册（1937 年 9 月 23 日—11 月 20 日）……… 085
《因树山馆日记》第十一册（1937 年 12 月 10 日—1938 年 2 月 25 日）………… 092
《因树山馆日记》第十二册（1938 年 3 月 8 日—5 月 4 日）……… 098

《因树山馆日记》第十三册(1938年5月18日—8月8日) …………………… 111
《因树山馆日记》第十四册(1938年8月14日—11月5日) …………………… 123
《因树山馆日记》第十五册(1938年11月13日—1939年3月2日) …………… 136
《因树山馆日记》第十六册(1939年3月11日—7月25日) ………………… 169

后　　记…………………………………………………………………… 194

引　言

　　黄际遇自少喜爱体育运动，击剑、骑马、现代足球以及中国象棋，都能来两下子。在国立山东大学时，多次担任足球裁判，与大学生共同在球场奔驰追逐，仍兴致盎然，神采奕奕，不减当年。至于中国象棋，更是他的嗜爱。黄际遇从日本留学回国后，辗转于北国教书，也曾遍访国内名家（梁实秋：《记黄际遇先生》），并与谢侠逊等名手有书信往来。然环境氛围未具备，他在当时只是一位爱好者或俗称"发烧友"，其水平充其量在某个区域中算"还可以的业余好手"。直到国立山东大学时期，结识了赵涤之、宋君复、周承佑等中国象棋超级爱好者，才有一个决定性的转变。中国历史有一个很值得玩味的现象：许多事情，一旦由文人介入，思维便会向外延伸，结果往往超越了事情的本身。这几位山东大学学者是象棋发烧友，不单纯以象棋为消闲之道，而是以之为专门学问，在与人对弈之后，复演着法，分析关键，遇有好局便记录保存，在几位弈友的鼓动下，黄际遇最终完成名为《畴盦坐隐》（五十册）的中国象棋棋谱，其发端之地就在青岛。

　　1936年年初，黄际遇得邹鲁、张云、何衍璿的润滑助推，离开国立山东大学，回到国立中山大学任教，与何衍璿第二次共事。经何衍璿介绍，认识了"粤东三凤"——黄松轩、曾展鸿、钟珍，以及卢辉、冯敬如等当时国内一等一的中国象棋专业高手，技艺有了质的飞跃，以至其后晋升为一等手行列。

　　何衍璿（1901—1971年），名刚。1926年后历任国立中山大学教授、数天系主任、理学院院长等。广州沦陷后，国立中山大学迁往云南，何衍璿留昆明筹建国立云南大学，历任教授、理学院院长、代理校长等。"文革"期间，藏书及著作手稿被抄。由于何衍璿的业余爱好是中国象棋，与黄际遇嗜好相同，加之两人意气相投，因此在广州几年间，他们共同成就了一段棋坛佳话。

　　20世纪30年代是广州象棋活动的一个高峰，从1930年"东南象棋大比赛"开始，广州比较有规模的竞赛活动便持逐进行，最著名的或许是1931年"广东全省象棋比赛"，不但挖掘、造就了华南"四大天王"黄松轩、卢辉、冯敬如、李庆全，更令棋风大扇，以后还有1934年"省港澳象棋比赛"，以及1936年"省港澳埠际象棋比赛"等。当年除了"四大天王""粤东三凤"外，还有涌现出一批影响力极高的人物，他们多有诨名，如"五虎将"赵坤、刘寿彭、陈镜堂、赵培、黄志；"十八罗汉"黄汉、龙庆云、保玉书、何鲁荫、吴季子、云雨、王梅、陈照荣、韩民醒、陈陶、周宗旦、郑有义、何贤信、陈应琛、周干卿、劳佳、邱炳然、徐梦吉；"通天教主"吴兆平；"苏家四将"苏兆南、苏天雄、苏秀泉、苏钧林；

"十三太保"彭鲲、陈森、邓飞、龙少泉、何淦泉、何衍璠、何宗颐、梁江枫、黄任初、郭腾蛟、许君阳、刘政举、崔星槎;"哼哈二将"朱剑钊、杨锐江;"五鼠"陈镜泉、关华、李永声、潘炮、伍青;"御猫"何醒武;等等。(《广州棋坛六十年史》)

然而,以黄松轩为首的一代华南棋手,他们虽蔚为名家,棋风堂正,但大多得力于临场实践,而疏于治谱,只有少数名手如曾展鸿才做到实战与治谱并重。因此,将国立中山大学教授石光瑛、何衍璠、黄际遇,执业律师郭腾蛟、邱炳然等浸淫棋艺的名流加入进来,收藏名手对局,圈点评论,无疑很有分量并使时代增色。

何衍璠,不但有《何氏棋谱》,而且喜亲自下场。他长期在广州寝馈于专职弈手之侧,克有成就,具备与"四大天王"分庭抗礼的一等手能力。黄际遇则好弈,但不似何那样专致,功力也没何深厚,然所成之棋谱《畴盦坐隐》比《何氏棋谱》富(集中了多位名手的存谱抄本)、精(除有个人评语以外,还附有经多位名手点评的很多对局)。而且黄际遇滞留香港时棋艺活动更多,他的《畴盦坐隐》可补《广州棋坛六十年史》之缺。

黄际遇回粤后与何衍璠等在棋坛活动情况十九记录在《因树山馆日记》中。抗日战争时,何衍璠随学校西迁云南,后留昆明。黄际遇则避难香港,两人只能书信往来。黄际遇逝世后,其手订《畴盦坐隐》五十册连同《黄际遇日记》全套五十四册由张云保管,后交还我家。《畴盦坐隐》在"文革"中散失,幸好《日记》还存四十三册,我们从中刺取梳理成《畴盦坐隐》,当然此《畴盦坐隐》已非复原来的《畴盦坐隐》面貌,仅能窥其梗概。"坐隐"二字则源于孙过庭《书谱》:"夫潜神对弈,犹标坐隐之名。"《畴盦坐隐》发端于青岛,成熟于广州,结篇于香港。尽管在青岛时期尚嫌生涩,然缺了这段,难言全貌。

《万年山中日记》第三册
（1932 年 9 月 19 日）

1932 年 9 月 19 日

晨霁。

是日举行开学式①。郝更生到校，述北平盛言予棋事之高。赵涤之闻讯，即下战书。晚对一局，始极得势，然卒成和局。客散束慧，烛炧不寐，好胜于不相干之事，用心于无何有之乡，可不惧哉。

【注释】

①是日举行开学式：指国立山东大学开学。

《万年山中日记》第五册

（1932 年 10 月 31 日）

1932 年 10 月 31 日

　　晚观棋局未终而散，予思局势至此，若红炮平二或平三皆是示弱之着，不如马三进五（去士），车七退二（去炮），马五退七，帅五平六，马七退八（去车）。只此三着，大局告定矣。子愈少而变化愈多，是象棋特色。

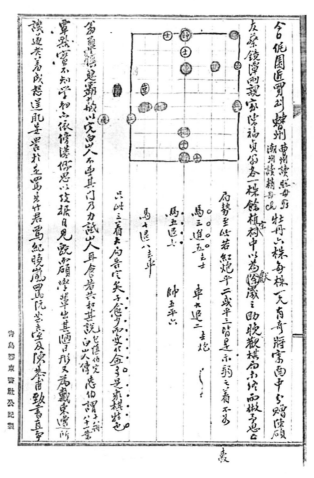

《万年山中日记》第五册 1932 年 10 月 31 日（手稿节选）

《万年山中日记》第六册

(1932年11月4日)

1932年11月4日

贻诚保衡对弈，局势至如上图，保衡意为必胜，遂曰：此成谱矣。谛视之果然，而红军反胜。炮九进三，士四进五，车八进三，士五退四，兵五进一，将五进一（去兵），马五进六，将五平四，马六进八，将四平五，车八退一，将五进一，炮九退二。

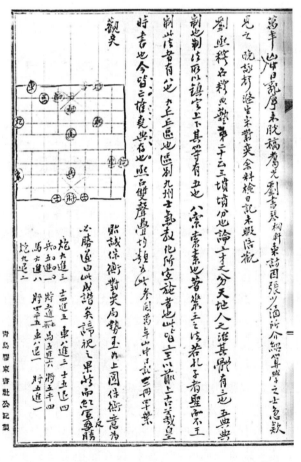

《万年山中日记》第六册 1932年11月4日（手稿节选）

《万年山中日记》第十二册

(1933年9月20日—10月13日)

1933年9月20日

晴朗。

是日,大学集诸生举行开校纪念及开学式。礼成,偕赵涤之茗会第一公园,荷茎未枯,槐荫可盖,弈三局互先,一负二胜。

1933年9月22日

授课毕。涤之电招再弈公园,一负一不终局。

1933年9月23日

四川舟中与名弈马海洲订交,海洲南海人,年未四十,与弟海珊有弈名,谢侠逊象坛文有"香江源远,桂棣联辉"之句,即指南海马氏兄弟而言。余登舟时,舟人更相告语,谓余此行有棋侣矣,马君亦有所闻,未通姓时已相心许也。余自审决非海内弈手之敌,仅与海洲为弈事之谈,以解积年之惑,海洲之言曰:"象棋分三等九级,假以现代名手张锦荣、万启有、谢侠逊为上将,则被让一先者为中将,二先者为少将,被让三先等于一马,是为上校,已下中校、少校、上士、中士、下士可以递推,苟与上士对手被让三先尚不克平分胜负,则不可列等矣。"曰余(马君答问其等级之言)与谢侠逊平弈十局无一胜之望,然未经战阵之人与吾辈对弈十局亦无一胜之望,然侠逊尝以上校证书相畀,余复书约其对弈,彼非应约不可也,彼自应让三先,乃约十局,每局下彩四金,彼八负一和,末局余占先一马可胜,旋以失一车而终负。翌日再以让三先,开局彼胜则仍三先,负则退二先,仅彼携彩之不足,战事不酣。马君以少将自负,不难得其弦外之音。又曰:"学弈之道以多临阵为上,读谱次之,屡有善刊谱者与吾辈弈,我让三先一马,尚非吾敌也。"又曰:"今代所存谱未刊行以扬州张毓英为多,凡名手过扬无不厚待,汇存之谱数千计,张某以资豪而好弈,最特长者能速记对弈棋着云。"又曰:"子言棋谱之存者,近人不若明人之深远,然百局为最古,相传吕祖所遗,以今观之,不少仙着，不过刊本多伪耳，若论全局则屏风马为最后出，自当头炮兴而士角炮、飞象局皆非其敌、其锋不可挡，异屏风马之破当头炮亦纵是也。"又云："当代列一等诸手顾多以全力赴，云吾辈不能专业耳，我何畏彼哉，并非需要两个脑袋耳。"其言多可存如此。复阅谢侠逊《象棋谱大全》，马君之语有互见者，亦均可信。

1933年9月24日

星期。卯正七十四度。阴雨。……终朝霾翳，足不出户，门可罗雀，竟夕评谱，晚涤之为之鉴定。

1933年9月29日

如顺手炮先要车活，列手炮须补士，牢入角炮使车急冲，当头炮横车将路，破象局中卒必进，解马局车炮先行，巡河车赶子有功，归心炮破象得法，辘轳炮抵敌最妙，重叠车兑子偏宜，鸳鸯马内顾保寨，蟹眼炮两岸拦车，骑河车禁子得力，两肋车（车在敌方横六路之谓）助卒过河，正补士防车得照，背立将忌炮来攻，弃子须要得先，捉子莫教落后，士象全可去马兵，士象亏兑他车卒，算稳着要成杀局，使急着须有应子，得先时切忌手忙，输车时还教心定，子力强必须求胜，子力弱即便寻和，局中定法大略如斯。

1933年10月9日

是日更须早起，联课三堂。涤之饭后来，午睡不成，自午尽至申共弈五局，互先三胜一负一和，棋兴之高二十年来所未有也。晚留饮，涤非、保衡各善饮亦能拳，陷涤之于客地尽绍兴酒八斤，席终涤非招涤之弈至七局，涤之已不胜酒力，举措失常矣。

1933年10月13日

甲、乙、丙三人为弈友，甲其最高者，丙常不敌乙，乃求教于甲，甲授计曰："必在太阳底下方与对弈。"如期而甲肩一伞至，伞有小孔，日光漏痕以代指着，丙因受机略而乙大窘，且惛然不悟何以惨败于丙一至如此。

善弈者不用子枰，但口诵步数，虽黑夜可以对局。谢侠逊、林奕仙弈于茶馆，畏稠人围观，辄用此法以避壁立者，其后茶客各置一枰，如其所言，按图索骥，方技至此可谓熟矣。二十五年前在渤海舟中尝与一东友（广东高等师范学校教习）

弈，舟次仅有围棋，余等乃各取黑白十六子呼庐喝雉，对局至一来复之久，无争执者，而旁观者苦矣，少年时记忆之强如此。

　　下午招涤之对弈一局，首数着即以一炮破双士，复以双车一炮盘旋敌地，应着至百五十余着，无着松懈，需时达十一刻，终局败于一卒，仍健斗到底，局终犹能记下着先后，室无书记，不欲更以此废时矣。

《万年山中日记》第十三册

（1933 年 11 月 12—25 日）

1933 年 11 月 12 日

《象棋谱大全》①初集、二集、三集各四册，民国十八年中华书局本，平阳谢宣侠逊集校。世所传者以《百局》②《橘中秘》③《梅花谱》④为最著，二十年来屡询书贾，实亦未见它书（刚甫尝在前门书摊以京钱二千买得棋谱抄本，将以饷余，为某令所夺，靳不相视，询其内容则《橘中秘》也）。《百局》刻本尤多，误敚处亦不少。《橘中秘》有全局、有残局，最称完备。《梅花谱》为晚出，未得见也，去冬乃获此书，昼永更阑，舟中旅次，子丫相伴，所感弥深，每阅定一局，或乙之或注之，悠悠卒岁，粗尽什八矣。计：

《适情雅趣》⑤三卷，上卷残局一百二十局，中卷至第二百四十局，下卷至第二百四十局，每局着数不多，多者二三十着而已，均系红胜，最易引初学者兴趣，灭躅扣盘⑥，亦无难事。据谢宣序，谓全书十卷，计残局着法及全局着法各二卷，有金陵徐芝精选，会稽陈学礼校正字样，无出版年月，按朱子进所揖，《橘中秘》一书在崇祯年间系改编是书而成，则是书为崇祯以前本，而顾明序则谓《橘中秘》之后与《梅花谱》相先后恐未可信，今所刻书为永州邓云龙遗本，经吴县潘定思覆校者。

《烂柯神机》⑦二卷，共残局一百十二局，全属红胜，有道光二十三年于国柱自序，则原书问世已八九十年，而作者并里居不可知，谱中短者数着，即尽长者亦纡徐为妍。

《梅花谱》二卷，息陬王再越遗著，原序云：再越字正己，康熙时人，家贫力学，不求闻达，坎坷抑郁，为象戏以消岁月，得意疾书，爰成六则，名曰《梅花谱》，有"行到水穷，坐看云起之妙"云。谢宣序谓为康熙年间秘藏逾二百年，未曾发刊云。按前三篇为全局，让先着法：计屏风马破当头炮八局，当门炮破过宫炮五局，当门炮破转角马三局。后三篇为得先着法：计顺炮直车破横车五局，顺炮横车破直车五局，列手炮五局，每局变着之多者，少则七八，多至三十余。神奇变化不可方物，让先诸局尤妙，屏风马破当头炮八局，尤为精心结撰。当头炮在当时披靡极矣，一遇屏风马鲜不受制者。至列手炮诸局多与《橘中秘》同，然迁就处尚不至太露痕迹，亦后者胜，前一公例也。

《橘中秘》三卷，东海朱晋桢辑本，余家藏为汴梁所得，木刻四册，计全局二册，残局二册，今经谢宣编订者为全局着法，得先者二十局，让先者十三局，让左马者十局，让双马者八局，残局着法一百三十局，其中已有屏风马破当头炮法得先让先各一局。中以大列手炮为最猛鸷，列炮必用直车。自注云进法多端，悉造深奥。诚然全书要旨"顺手炮先要车活"等句，几同原则数十条（录存九月二十九日日记）。得此等书探讨之，正如蔡中郎之得《论衡》，视为枕中鸿秘也。其自序署崇祯壬申，谢宣谓与《适情雅趣》同导源于金鹏谱者。然朱晋之自叙残局说已有是集，余从旧谱殚精毕虑务别雌雄云云。特不言所集何谱耳。《残局》自云百四十局独与他谱不同者，特以残子分类，何为必胜，何为必和，何为必难胜难和，殊得科家治学方法。潘定思、谢宣辈加以评点圈注，如《儒林外史》马纯正之选评，时艺亦令人忍俊可喜。

《象局汇存》二卷，每卷残局各五十局，短小精悍，亦有作风，系集《韬略玄机》⑧等旧谱，潘籍郢等十余家藏稿，去陈拔萃而成者。

《象局集锦》二卷，每卷残局各五十局，林奕仙五十三局，谢宣七局，余亦今人所投《时事新报》稿荟聚成篇，饶有可观之处，必欲比肩古人，亦为风气所限也。

《竹香斋》⑨三卷，初集残局七十八局，二集残局七十局，三集残局四十八局。有栎洲散人自序，亦云汇辑旧传，稍参心得为《竹香斋》。初二集尚存数十局俗称"江湖秘谱"者，势宽局纵，子赂纷歧，半生精力为之消磨。又子景煦一序，署嘉庆丁丑（一八一七），谓先人精意所存尤在三集。以今观之，景煦之言为信，以前七种除近人拟作者外，此集于诸谱为最晚出，首二集尚无特异于人处，三集则变化多端，以一残局有至六七十变者，丝丝入扣，细入微茫，非好学深思者不能竟其绪也。

《万国象局》二卷，平阳谢宣辑著。

《弈乘》二卷，平阳谢宣编校，计《石杨遗局》⑩十二局，为潘子思遗本，石、杨均乾嘉间邗江名手，石名已佚，杨名健庭，善用马，当时有"四面虎"之称。《吴兆龙象棋谱选粹》二十六局，乾隆间苏人，着着鞭辟近里，益人神智。《象局萃菁选粹》二十二局，仪征张毓英编，马海洲为序言。今代所存谱未刊行者，以扬州张毓英为多，凡名手过扬，无不厚待，汇存之谱以数千计，今观此辑及二集二十五局，自属一时佳作，尤以王浩然应子最灵活，张锦荣、周德裕为最健斗，皆竭一时一地之才智，而无或迁就之蹊径者。《名手对局汇录选粹》十局，《南海马海洲汇选》五局，《栏柯丛抄选粹》六卷等均系南北一代之能手，尤以顾水如、段芝泉（让右马胜）一局为最，全盘俱紧，十读不厌。《侠逊弈集》初集二十七局，二集二十三局，为谢氏对客弈稿，可观之作甚多。《象棋比赛参观记》二局，冯友笙记，系青年会主办比赛实录，稠人广众之下，以智囊为斗，尚不掩其佳处，此记系实录也，惜存稿太少耳。

《弈话》二集，平阳谢宣校，有近人著论如干篇，历朝文艺如干篇，象史撮要如干篇，颇资谈助。

综全书论之，谢宣以新闻记者之业余奋力，集成此书，不可谓非象棋一道之幸，文笔尚畅通，惟时好用时文腔调赘为评局，甚觉无谓。源流诸考，聚讼不定，要之象戏极盛于明则无疑，遂今世所传者不能出本书之范围矣。既经校录，间参评释，省却读者用力不少，间尚有错误之处，如系手民误植者，经予一一勘雠，应可减其大半，其有胜负和否并不如此者，除对局不计，于所存各谱亦为签出，审断再三，当寄弈友海洲共订之，要之斯集不为信，今且必传后，海上以书为市，什九随时消没，此则萃前代精华，存今世之实纪，并世断无更善之书，易代复万无废弈之理，此篇之存，亦民智递嬗之蜕迹也。尝谓凡百学艺，今胜于昔，清胜于明，惟书法则清人远不及明人。今观象谱亦复如是，前人存局，深湛纡曲，有儒将雍容之风，今人设局，浅率嚣实，无裙屐潇洒之象。良以艺术之道，风会所关，噍杀争竞之世，剪伐性真，随处流露，况以较古之世，生计单简，布褐升斗，可以卒岁，故能以其优闲之智慧，发为诗歌技巧耳。又技术之进境，必有定程，千百人为之，期月焉皆可至之境，过此境以后，期年焉而能更进寸尺者，千百人不一二见焉。非好学深思，心知其意而能冥心默契者，莫参其谛矣。此所以弈者千百，能者一二而已。予题此书有句云："智者造谱，能者打谱，中材者学之。"盖天下间方技之至微末者，当莫象棋若矣，然读一全局而能尽其变化者，其程功不在读通一文之下，读一残局而能明其构造者，其用力复不在解一算题之下，故棋谱非尽人肯读之书，而能读谱者，移彼机智以事他事，必非顽钝不可造就者。今日民智乃至脆弱，下至游戏杂书，非挟有几分下流性者，不足以资号召，此其所以并此区区者，不克绍前人之衣钵也。复即各谱之实际言之，《橘中》《梅花》两大谱作者，知周万物，才迈一代，随手设局，泛应曲当，穷其所往，机趣又生，作者固明言集谱成书，亦犹二千三百年前之欧几里得，集以前成业，以为《几何原本》也。制象棋者不必上智，我意原初必系极简数字（尝在天津看一书，周时仅有七子，不足为据），后乃定为十六子，而能于规矩之中窥破应局原则，设为种种阵局者，乃非中材者所能耳。每定一子，如作文者之不见句，胸中必有若干呼之欲出之句，卒焉唾弃陈言，成其定稿，下棋者之定子，必有若干可以应局之着，经过几番审顾，知彼知己，利害相衡，卒以推定之结果，逆推而上，以定一子，骤视之绝，无关紧要，而其效应往往在若干着之后，智力不及者即失败耳。下棋无所谓侥幸，以对手之失着为侥幸者非夫也，兹二谱者均能于全局立一定鹄，百变不离其宗，惟时有下着甚明移出即见者，所假定之对手仍假作糊涂，行所无事，此吾辈所不能不指为迁就者耳。复以其时考之，当头炮在诸起局中最属健斗力量，相若者皆利在速战。力量稍弱者，情见势绌，欲急进则攻守难兼，欲暂守则坐以待毙，此象局士角炮等所以非当头炮敌也。屏风马于诸局为最晚出，《橘中秘》备其一格，《梅花谱》放其奇葩，态度安详，深沟应敌，不卑不亢，左右咸宜。与未经交手者对垒，兵三进一（兵七进一同）一着，即可窥出敌人虚实。介乎两局之间者有列手炮焉，亦刚柔并进，攻守咸宜，不至如窝心炮等之急无能择也。尔后二百余年间，名手对敌诸谱，今所存者，试问有一着能出前人之窠臼否，但令全局之构造能近一局数，间有三着克以前人所已指出者，应用于现成之局，即可名盛一时耳。弈之为数，小数乎，然吾以此觇世风之隆替，民之强弱矣。更就残局然之，凡物之为数，多者恒复，少者恒单，简而象棋则反乎，是子愈少则变化愈多，所以然者如马之为着者八，彼马之为着者亦八，并原坐标计之各得九着，两相结合则有九九八十一种变化。而起局时可以变化之着数远不相若也，不过满盘皆子，炫夺人目耳。愈到残局则进着愈多，必于空凌之间求出实践之效，所争者间不容发，所究者不可方物。书中残局各谱，多从《百局》一书演术而生，惟《竹香斋》三集稍有机神耳，然已非浅尝者所能叩户矣。谁云所志不出一枰之上，所务不过方罫之间（吴韦曜《博弈论》），遂谓此中无天地哉。

【注释】

①《象棋谱大全》：1922年起，谢侠逊精心研究前人的棋谱，集其精华，在中华书局陆伯鸿的帮助下，于1929年出版了我国象棋史上第一部最完整的棋书《象棋谱大全》。该书共12册，计200余万字，出版后大受欢迎，至1945年已再版九次。

②《百局》：《百局象棋谱》，著名的象棋谱，清三乐居士编。嘉庆六年（1801年）刊印，八卷。共有残局一百零七局。着法以和局为主，棋势均为当时流行于民间的局式，并以成语谚语命名。其中八十九局与《竹香斋象戏谱》相同。在民间流传最广，迄今计有四十余种版本。

③《橘中秘》：与《梅花谱》并列，为传世两大象棋谱之一。明东海朱晋桢辑。其谱大多选自《适情雅趣》而经过整理，分类和棋谱的编写方法都比较完整。崇祯五年（1632年）刊印。

④《梅花谱》：棋谱成书于清康熙年间（1662—1722年），著者王再越。为象棋史上影响最大的两大全局名谱之一，与《橘中秘》并列称为"橘梅"。

⑤《适情雅趣》：木刻本出版于明隆庆四年（1570年），是我国现有最完整、最具规模的一部棋谱。

⑥灭躅扪盘：见"扣槃扪烛"。比喻认识片面，未得要领。

⑦《烂柯神机》：是一部古代象棋棋谱。清代于国柱编。后收入谢侠逊所辑的《象棋谱大全》。

⑧《韬略玄机》：为清代四大残排局谱之一，因避讳康熙帝的名字玄烨，故在刊印时改名为《韬略元机》，简称《韬谱》。清代南京人士张惠春等九人编著，是已知清代最早刊印的一部大型木刻本象棋谱，现存古本皆是康熙四十六年（1707年）刊印。

⑨《竹香斋》：《竹香斋象戏谱》，初刊于清代嘉庆九年（1804年），原谱有木刻、石印、铅印多个版本。内容博大精深，深奥有趣，为历来棋界所推崇。

⑩《石杨遗局》：相传为清乾隆、嘉庆年间邗江名棋手杨健庭和石姓者（佚名）所著。后收入谢侠逊所辑的《象棋谱大全》。

1933 年 11 月 25 日

　　涤之来约会，呼车未至，一局相对，三十分钟而毕，追忆录存。
　　《畴盦坐隐》第一局，赵涤之（先）、黄任初（胜）。（《书谱》云："夫潜神对弈，犹标坐隐之名。"今刺"坐隐"二字为题。）

炮二平五（越先）	马八进一	马二进三	车七平八	车一进一
兵三进一	车一平六	马二进三	马八进七	象三进五	卒三进一
士四进五	车六进五	炮八进一	车六平七	车一平三	车七平九
兵七进一	车九退二	炮八平七	相三进一	车八进六	卒七进一
马三进四	车九进三	炮二平四	车九平八	兵三进一	炮八进七
炮四退二	炮八平六	车三平四	马七退九	兵七进一	炮五平八
兵七平八	相七进五	兵七进一	马三退五	马四进五	马五进七
马五进三	马九进七	兵八进一	炮八平九	兵八平七	马三进五
兵七平六	马五进七	车六进七	相五退七	车八退一	车八进九
士五退四	马七进八	炮七平二	车八平五	士六进五
车四平三	车九平六	车三进二	车六退七	车三退二	炮九平八
士六进五	炮八进三	车五退一	卒九进一	车三平一	炮八平六
车一退二	炮六进三	兵六进一	炮六平八	将五平六	车八退四
兵六平五	炮八退四	车一进三	车六进八	兵五进一

　　赵君走着稳健，素为畏友，一年以来，予两人对局约在二三十枰之间，胜负约相抵，近半年来诸局，因予略有进境，赵君益显其高着，惜无记室可代存稿。今晚虽被酒，尚不忘此骖驔，后先针锋相印，此亦智力一种之表示也，岂徒留燕泥鸿爪而已。即此局观之，自始至终，无失着懈着，虽无特别惊人之笔，而并驾齐驱互争先着，至第十四着炮八进一余虽争得一先，赵君回车河边俟兵七进一时杀兵夺回先着，予应以炮八平七仍然保存先着，胜负之数此处已决半矣。

　　局终赵君又为校定《象棋谱大全》中余所附有"？"符号者数局，即此等事复须有益友也。客有曰："你们能制谱乎？"赵君曰："我曾想过此事，若要我辈制谱，但引而置之庄岳之间数年（不作庄岳。本训），既不自由，并禁看书，唯有以简单器具作深湛之思耳，古来许多造艺，出自圜墙之间者比比也。"言近旨远，赵君有之。（善基言有一书题曰：Chess and mathematics，象棋可用数学处，当有以明之）。

《万年山中日记》第十四册

（1933年11月28日—12月13日）

1933年11月28日

　　夜读《石杨遗局》，其屏风马着法尤健于《梅花》诸谱，惟入后半皆作成和局，遂令阅者神沮，但彼为造局起见，故示人以规巨①，亦无怪其尔尔。又重阅"吴兆龙对局"数谱，对客挥毫之作，与造局者不同，时有漏着，更明为当年实纪，举手不悔，自为当然，分别观之可也。明日五课，今夜以此消遣养心。

【注释】
①巨："矩"的本字。

1933年12月13日

　　辰初三十五度，晴和。家书来。
　　本日授课五小时，各生皆有报告，均见进境，而精力疲极矣。傍晚信步观棋。咏声、君复、涤之来舍互弈，以此为消遣已耳，诸稿多未能入录。

《万年山中日记》第十九册

(1934年5月27日—6月25日)

1934年5月27日

以谢宣新著棋谱（二十三年，大成书局）假观，按《象棋谱大全》三集成书于民国十七年，比年以来，华东、华南、华北乃至各市县，多有象赛，盛极一时，纪录之书尚未寓目，侠逊年来应有进境，续前之作何以阙如，今见是集，则灿然咸备，乡所预期为不虚也，书分：

《橘中佳趣》一卷，红胜残局六十局，多由前人所作，加减得来而无艰深者，意固为初学者设，亦今人智力之有所不逮也。

《增订吴著梅花谱》一卷，让先屏风马五局，破当头炮直车、横车各一局，破士角炮夹马炮一局，破士角炮一局，破转角马一局。原《梅花谱》为息陬王正已所著，视《橘中秘》为善，少造作之痕，兼攻守之术，今此卷为姚邑吴梅圣所藏，佚著者姓名，原仅五局五变，徐葆康校补之，在此集中此卷为最可宝贵者。

《象棋秘诀》一卷，谢宣自著，实集合《橘中秘》诸残局加以课本排列方法，在初学者信为敲门之砖，其全局起势诸图则，诚戎马半生经验所得者。

《让马选粹》一卷，谢宣对客二十局，皆让一马之全局记录。

《对局选粹》一卷，外篇六十一局，即年来各处健将对垒之实录，最富有时代性，中有汕头李约初、陈培荣、王庚和三数局，虽非大器，却是新颖可喜。内篇二十一局，谢宣对客之作，皆让先。以上八十余局，先胜、先负及和各占三分之一，漏着尚不多见，选局者颇费别择。

《国耻新局》一卷，二十局附时事。新局十局皆残局，缀成字形，附以诗说，前在中州已见此卷，今并录入者。

《世界战棋》一卷，万国象棋少二炮，纵横各八路，打法自较单简。

《栏柯丛话》一卷，记述各处赛棋状况，诸篇多出韦干英手，最可玩味。

要之此集以吴著《梅花谱》及《对局选粹》最存古人、今人实录，其余概为著者敷衍篇幅之作，然以启迪初学不为无功。肖鸿云："甚么叫 Caltuse？"此类是也。

1934年6月1日

　　大风震撼，时雨纷披，不出户庭，难觅酬和，有怀人之意，多感旧之思。夜雨有间，走访君复，驱驰一罫，泥泞半街，先生于此兴复不浅。

1934年6月21日

　　夜归加亥矣，约涤非坐谈一局，存稿如后。
　　《畴盦坐隐》之一，萧涤非（二先）、黄任初（和）：

炮八平五	炮二平三	（萧二先）			
炮二平五	马八进七	马二进三	车九平八	车一进一	车八进四
车一平六	卒一进一	车六进七	马二进一	兵九进一	马一进二
兵九进一	马二进三	炮八平六	马三进二	士六进五	车九平八
炮六进七	相三进一	车七进一	炮三进七	车六退七	马二退三
车六平七	车二进九	车七进二	车八平四	炮五平六	车四退四
车七平六	炮四平六	士六退五	炮六退二	兵三进一	车二退二
士六进五	炮六退三	车七进三	炮六平五	兵五进一	车二退二
车六进退	车二平四	将五平六	炮五进三	炮六进四	炮五平八
兵九进一	炮八退五	将六平五	炮五进三	兵三进一	炮八进二
兵三进一	马七退五	兵三平四	兵五进一	兵四进一	车四平二
兵九平八	车二平四	车七退三	炮八退二	兵八平七	马四退三
兵七进一	马三退一	马三进四	炮八平五	将五平四	炮五平八
马四进二	车四进七	将四进一	车四平五	马二进三	炮六退一
马三退二	炮六进一	马二退三	炮五平四	马三进四	炮六退三
马四进二	炮六退一	车七平九	士六进五	车九进四	士五进六
马二退四	炮六进二	车九进二	帅五进一	兵七平六	车五平二
车九平三	卒五进一（变一）		车三退四	车二平四	车三平四
车四退五	车四平五	帅五平四（变二）		将四平五	车四进一（守卒官和）
（变一）卒五进一	车三退二	卒五进一	车三平四	车二退三	车四平五
帅五平六	车五退三（去卒黑胜）				
（变二）帅五平四	车五进二（提卒）		卒九进一	车五退一	车四进四
车五平一（去卒）		车四平六	将四平五	车六平五	相三进五
帅四平五	兵一进一	车五进一	将五平四	车一平四（多一兵，黑胜）	

　　萧君对局极稀，偶尔临枰，常不失先，起局十着之中，着着策先，已可概见。

红方第十六着不先用炮四平六以去士，而用车六平四捉炮，直是又争得二先，益显示上着予之车六平七为不失着之失着。以后极力撑持，每着之争先可以分计合数着方争回一先着耳，唯全局第六十二着车四平二以捉兵，又回车二平四以图进逼，一往一复净输二着，全局得失大率如此矣。本局凡一百一十三着，费时约一小时，每分钟约桴应一合，通盘尚称紧凑，故特存录，时已更深，思力不健，不然变一、变二两次均有可乘之机，不至言和矣。

1934 年 6 月 25 日

辰正六十八度，晨雨滴沥，终日霢霂。

晨起较迟。时雨方紧，微感委顿，静坐息躬。围棋高下分为九段，即九等也（九段为闽人吴清源，二十余岁最高已跻五段，日内在青呈技）。每一段之差则让一子，过九子则不成对手，所闻如是。予思象棋亦分九等之故，可以数理说明之：

（一）各子行速之差，车一举可进八步，卒一举只迈一步。

（二）各子势力所及，车二十，马九，卒四（过河），因此一车可抵二马，一马可抵二卒。又一卒行二步过河，故一卒可抵二先，一马抵四先，一车抵八先。让子者至多让二马一先，过此则无可再让，以不成对手也。让一先为一级一差，让一马不让先为三级之差，此中差等似已前定，然说明之法或为前人所未及知耳。

《万年山中日记》第二十册

(1934年8月24日)

1934年8月24日

　　校正棋局一则，《适情雅趣》下卷第三百十一局：马跳潭溪一局，红方以一车一马一卒杀黑方士象全。今定减少一卒仅用一车一马亦可杀局，此真车马冷着也。其着法如下：

车二进四	象五退七	车二平三	士五退六	马五进六	帅五进一
车三退一	帅五退一	马六退四（变二、变三）		帅五平六	
车三进一	帅六进一	马四退五	帅六平五	马五进六	帅五平四
车三退一	帅四退一	车三平五	士四进五	车五平九	士五进六
马六进四	帅四平五	马四退六	帅五平四	车九进一	帅四进一
马六退五	帅四平五	马五进四	帅五平六	车九退一	帅六退一
车九平五	士六进五	车五进一	帅六退一	马四进六	

（如帅六进一则应以马四进二）

（眉批）变二：

马六退四	帅五退一	车三平四	士六进五	马四进三	帅五平六
车五退三	士五进六	车五退五	帅六进一	马三进一	士六退五
车五平三	兵二进一	马一退二	帅六进一	车三退二	帅六进一
马二进三	帅六退一	马二进三	帅六退一	车三平四	

变三：

马六退四	帅五退一	车三平五	士四进五	车五平九	帅五平四
车九进二	帅四进一	车九退五	帅四退一	车九平六	士五进四
车六进三	帅四平五	车六进一	士六进一	车六平五	帅五平六
马四进六（又按以上二变局皆是尽善）					

《万年山中日记》第二十一册

(1934 年 9 月 5—27 日)

1934 年 9 月 5 日

夜与涤非对弈一局，尚可存稿，为追录之：

炮二平五　马八进七　马二进三　车九平八　车一平二　兵三进一
马八进七　马二进三　卒五进一　士四进五　炮八进四　兵七进一
车二进四　炮八进二　卒一进一　象七进五　车九进一　兵一进一
车九平六　车一进三　炮八退四　兵一进一　炮八平九　炮二进三
卒五进一　炮八平五　车二平五　兵三进一

至此必可得子，以下无甚精彩，从略。本局用屏风马尚称得法，然皆官步也。

1934 年 9 月 15 日

夜赴东海饭店，应咏声佳酌。今日涤之回校，馈同仁堂虎骨酒，哺过谈，以待共出候车，自五时起姑对一局，本系消时之举，举着甚不费思，六时车来未终局，约车再来，延长半时仍不成和，酒后再续成之，后半局饶费推敲，可存之作。

《畴厂①坐隐》之一，赵涤之先，黄任初：

马八进七（赵先）　兵三进一　炮二平五　马八进七　马二进三　马二进三
车一平二　马三进四　车二进四　炮二平四　车九平八　车一平二
炮八进五　炮四进七　帅五平六　炮八平二　车二平六　炮二平四
车八进九　炮四进三　车八平七　马四进六　马三退五　象七进五
车七平八　车九进一　帅六平五　车九平四　炮五平六　车四平六
炮六进七　士六进五　炮六退二　士五退四　炮六平九　马六进八
炮九进二　马八进七　帅五平六　车六进八　帅六进一　炮四平六
卒五进一　象五退三　帅六进一　马七退五　车八退二　马五进八
车八平五　将五平六　车五退一　马四退二　炮九退一　炮六退四
车五平三　炮六进二　卒五进一　炮六平四　车三进三　将六进一
车三退四　车六退七　车三平四　炮四平六

（以上一小时）

帅六退一	车六平四	卒五平六	车四平六	卒六平五	将六平五
马五进六	车六平四	卒五平六	炮六平二	车四平五	象三进五
马六进四	炮二进一	马七进五	兵三进一	马五进七	马二进三
车五平六	车四进一	车五进一	兵三进二	马五进七	马二进三
车五平六	车四进一	卒六进一	炮二进五	卒一进一	兵三进一
马四进三	炮二平三	马七进五	马三进五	卒六进一	兵三平四
帅六平五					

（以上三十分）

马七退六	帅五平四	马五进七	帅四退一	马七进八	帅四平五
马八退六	帅五平四	马六退五	卒六平五	将五退一	马三退五
士四进五	炮九平六	兵四进一	马五退六	马六退四	炮六退七
马四进六	炮六平四	炮三平五	卒九进一	马六进八	帅四平五
马八退七	炮四平九	马七进五	炮九平五	炮五进二	

（以上一小时）

是局始终争先，偶有松着，似无过甚失着，尚觉紧凑，在诸谱中不可多见者，记毕漏尽。翌日覆勘，在第三十着为黑方误着（应为炮四平五以兑红方之炮仍领先着）。在第三十一着为红方误着，假令红方车二平四，车四退一，即得黑方之车，大局已定矣。此局因对局时乘舆待驾，各有举棋不定之处，致留此缺憾，末段劲健尚可贵耳，可存之局信不易也。

【注释】

①厂：同"盦"。

疁下坐隱之一　趙澂之先　黃任初

馬八進七　兵三進一
馬八進九　包三平五
車一平二　馬八進七
車一平二　馬三進四　車二進四　包二平四　車九平八
包八進五　包四進七　帥五平六　車三平六
車八進九　包四進三　車八平七　包五平六　車四平六　馬二平四
車七平八　車九平四　包五平六　馬五進八
包六進七　車六進一　帥六進一　包七平九　馬六進八
包九進二　馬八進七　帥五平六　包四平六　馬四平六　馬五進四
卒五進一　象五退三　帥六進一　馬七退五　車四平六
車八平五　將五平六　車五退一　馬四退二

帥五平四　帥六退一
包六退四

包九退二	車五平三	車五平三	車三平四	卒六平五	車三平四	兵三進一	車五進一	車四平五	卒六平五	車七進一	馬七進五	帥五平四
卒五進一	車三進三	包六退二	包四平六	將六平五	卒六坐二	馬五進七	象三進五	馬五進四	馬六進七	車六平四	車六平四	將五平六
	將六進一	車三進三	帥六退一	馬五進六	車六平四	兵三進三	馬二進三	包二平六	車六平四	卒五平六	車四進一	車六退七
		包六退四	車三退三	車六進四	卒五平六	車五平六	馬八退六	車四進一	兵三進一	帥五進一	卒六進一	
				帥六平五 以上三 千分	馬八退四	包二平三	車四進一	兵三平四	卒五平六	車六退二		
					帥四退一	帥四平五	馬五進七	馬七退六	馬八退六			

《万年山中日记》第二十一册 1934 年 9 月 15 日（手稿节选）

1934 年 9 月 17 日

夜唐□□①与涤之对局，君复、涤非、淦昌诸君作壁上诸侯，王哲庵来即归。

【注释】

①原文此处空两字。

《万年山中日记》第二十四册

(1934年12月12—28日)

1934年12月12日

《畤盦坐隐》起局一局，对客偶得，以屏风马应当头炮得象得先法：

炮二平五（让先）　马八进七　马二进三　车九平八　车一平二

兵三进一　炮八平七　象三进五　车二进四　炮八进二　卒七进一

兵七进一　卒七进一　炮八平三（必得子）　车二进五（去车）

炮三进五（去象）　帅五进一　炮三平一（去车）　车二退五

马二进三　车二平七　马三进二　马八进九　马二进一　车七进三

车一平二　炮七平六　炮二进六　车七退七　炮一退一　帅五退一

炮二进一

此局对局时，至第十四着后红方如应以车二平七，则只须炮二平三，必得一子。至第二十六着后红方无论如何应付，已成不可收拾之势，推其原因，不在让先者布子之得势，而在得先者卒七进一（第十三着），一着之失先，得失之机即在于此，看似等闲，实关紧要，虽曰小道，却有至理。

残局一局：

卒六进一　车七退二（红胜）　卒六进一　士五退六

马三进四　车七平四　卒六进一　车四退四

马四进六　将五平四（一四路之红卒进四八路时，黑方即不能守）

卒六进一　士五进四（黑胜）　卒五平四　车七退二

马三进四　车七退三　马四退五　车四平五

如是必得红象，红方坐毙。

残局一局

（棋盘图，帅相 兵 车 马 士 卒士将）

卒六进一　车七退二　士五退六
马三进四　车七平四　卒六退四
马四进六　将五平四　红胜
　　　　　　　一也黑之四红卒进四八路时
卒六进一　士五平四　黑胜　黑方即不能守
马七进四　车七退三
　　　　　车四退五　卒四平五
如是必得红家红方坐毙

《万年山中日记》第二十四册 1934年12月12日记（手稿节选）

1934 年 12 月 14 日

《畴厂坐隐》一局，涤非来馈卤鸡并对局如左，尚可存者。

炮二平五　马二进三（萧二先）

马八进七　车一平二　兵三进一　车二进四　车九平八　马八进七
炮八进二　车九进一　马二进三　车九平六　象三进五　车六进五
炮八退一　车六平七　车一平三　车七平六　兵七进一　车六退二
炮二进二　炮八平九　马三进四　卒七进一　士六进五　马七进八
马七进六　车六平五　兵七进一　车二平三　炮八进二　车五进二
兵三进一　炮九进四　兵三平二　车五平三　马四进五　马三进五
马六进五　车三平八　马五退三　车八退三　炮二平五　士四进五
炮八进四　象三进一　炮八平九　帅五平四（变）　车八进九
帅四进一　车八退五　车三平四　马三退四　车四平六　车八平六
炮五平四　炮九平三　炮九平八　炮五平二　炮八平七　车六平八
炮四平五　车八平六　士五进四　将五平六　士六进五　炮三退三
帅四退一　炮三平六　帅四平五　炮六平五　帅五平六　炮二平四
车八进四　炮四平三　炮五平六　将六平五　炮五平七　车三平一
车六进二　车一平三　炮七平六　炮五退二

按原局太冗长，后半无多精辟之处，今修正变局如下：

帅五平四（自变）　炮五平六　车三平四　马三进五　车八进四
马五进七　帅四进一　马七进八　帅四进一　车八进八　炮五平六
炮六平三　帅四平五　炮三三　炮六退一　车八退一　士五进四
炮三平六　帅五退一　炮六平九　炮九平五　车三进七　炮六进七
车三进一　炮六退七　车八进一　帅五进一　车八平四　车三平四
马八退七

1934 年 12 月 17 日

《畴厂坐隐》一局，屏风车破当头炮直车（偶与客弈所得）：

炮二平五（让先）　马八进七　马二进三　马二进三　车一平二
车九平八　车二进四　炮八进二　卒七进一（变二）　炮八平一（捉车）
车二进五（兑车）　炮一进五（去车）　车二平三（去象）　炮一平三
士六进五（此是漏着）　炮二进七（重炮）

变二：

卒七进一　炮八平三　（亦必得一车一相一马，得子得势。）

炮二平五　炮八平五　马二进三　马八进七　车一平二　车九进一

车二进四　车九平四（变二）　马八进七　车四进五

车二平七（守七路红卒）　炮二平三　车七进二　炮五退一（变一）

炮五进四　马七进五　车七平五　炮三平五　车五进一　象三进五（得车）

变局一：

炮五退一　炮八进六　车四退四　马七退九　象三进五　车九平八

马二进四　士六进五　车一平三　车七退二　车四进一　炮八退二

车四进五　马九进七　炮三进二　卒三进一　马四进二　炮八平三

炮五平三　车八进七　炮三进四（得车）　卒七进一　炮三进三

变局二：

车九平四　士六进五　车四进七　马八进七　车四退二　车二平七

炮二平三　车七进二　炮五退一　炮八进一　车四退二　炮五进四

马七进五　车七平五　炮三平五　车五平七　炮五平三（三路）

车七平八　马二进一　车九进二　炮五平三　马七退九　马一进三（变四）

象七进五　象三进五　兵七进一　士四进五　车八进七　车一平三

卒三进一　炮三平四（三路）　车八退二　炮三平一　车八平九

炮四平一（得车）

变局三：

马一进三　车八进二　炮三平五（二路）　车八退二　马三进五

车八平四　车一进二　车九平四　炮三平六（三路）　车四平六（三路）

车四进三（兑车）　士五进六　马五退四　车四平五　炮六平五（得车）

1934年12月18日

阴。辰三十一度，竟日黯淡无风。

晨仍授课，贯三二俗馈红幛一方。

晚君复来，留饭。凤图来谈。

《畴盦坐隐》一局（君复先，涤非记录）官和：

马八进七（宋先）　兵七进一　炮二平五　马八进七　卒七进一　车九进一

车九进一　马二进三　马二进三　车一进一　车一平二　炮八进二

车九平六　车一平四　车二进一　兵三进一　相七进九　炮二进四

卒七进一　炮八平三　卒五进一　炮三进二　卒五进一　象七进五

马三进五　车九平六　兵五平六　车六进五　车二进六　炮二平五

马七进五　车六平五　卒二平三　车四进三　车六平七　炮三平七

车三平四	马三进二	炮五退一	车五平四	车七退一	士四进五
车四进五	炮七平五	炮五进五	马二进三	炮八进七	象三进一
车四平七	炮五退一	炮八进六	车四平五	干六进五	车五平七
象三进五	马三退二	车七平八	车四进四	炮八平五	车四退四
车八进四	炮五退一	车七平六	车四进三	士五进六	马二退三
车八平五	炮五退二	炮五退三	马三进四	炮五进四	马四退五
车五进三	车七平九	车五退一	车九平一	车五平一	车一进一
士六退一	象一退三	车一平七	象三进五	车七平五	车一进二
士五退六	车一退五	车五退一	车一平六	车五退一	卒一进一
车五退二					

按：是局虽乏巧锐之着，而大致尚稳，对局固以此种为合格也。

1934 年 12 月 28 日

独坐丁丁制成一谱。

《畴盦坐隐》屏风马破当头炮，敌军取三路兵七路兵应法一局：

炮八平五　马二进三　马八进七　兵七进一　车九平八　车一平二
车二进六　马八进七　车八平七（去三路兵）　炮二退一

以上应着自《梅花谱》行世后，用之者甚多，已为普通着法，惟红车至此若用车七退一（捉七路卒）。

《橘中秘》本用炮二平七应之，以保七路卒，而后车二进二亦极开展。今用：

象七进九（变二）　车七退一（此时非一，即退一）　马七进六
炮五进四　炮二平三（得车）

变二：

象七进九　车七退一　炮二平三　车七平六　马三进二　车六退一
炮八进四　车六进三　车九平七　炮二平三　士六进五　车六退六
马二进一　马七进九　炮二平五　士六进五　炮五平一　车六平九
炮一平七　炮三平四　车二进九　马二进一　炮三进八　马一进三
炮三平六（得车）

变四：

炮五车一　象七进九　马七进六　马二进一　马六进五　炮三平二
兵三进一　车一平二　炮二进七　车七进四（此条无精彩）

《万年山中日记》第二十五册

(1935年3月8日)

1935年3月8日

　　枕上忆"海利"舟中与客（林姓）对弈一局，乃追录之。
　　大列手炮破大列手炮：
　　炮二平五（客先）　炮二平五　马二进三　马八进九　车一平二
　　车九平八　车二进四　马二进三　马八进九（至此始知客立以大列手炮）
　　车一平二　车九平八　车二进四　卒九进一　兵九进一　马九进八
　　车二平六　车二平六　马九进八　马八进六
　　至此为止，两方布局全相同，惟敌先一着，此时我不能以马进六应之，乃用马八进七。敌遂开始攻击，连杀三路马占据中卒，沉炮进车，兵临城下，如下方：
　　马六进七　炮八平三　炮五进四　士六进五　炮八进七　将五平六
　　车八进八
　　至此已成困斗局势，此局即《橘中秘》所云大列手炮进攻之法，知之者甚多，余平日亦常以此杀人，彼日约致思二分钟得妙着炮五进四。
　　忽成此局势，一子转移，全盘俱动，客至此凝神熟思几不下三十分钟，余以大局既定亦听之，客以炮五平九应，只消炮三平五便得一车，但为客计，虽马三进五去炮或帅五进一皆无补于危亡也。学书偶得古人笔意，悠然自乐，此着偶得古人谱意，事隔旬日，犹能记之，家居憧憧，弈虽小技巧，亦废置不讲，况问学之事乎，非朋从尔思而从朋尔思，真所谓三日不读书，义理不交于胸中，面目自觉其可憎，语言亦觉其无味矣。
　　又案《橘中秘》（卷中第八局）大列手炮让先一局，自第一着至车二平六第十七着全同，惟让方应着易人，炮八进七于是马三退二，车八进八，马八进六，炮五平八，马六进七，车六进五，将五平四，炮八进七，究属伯者之师而非王者之民，假令彼易马六进七为士六进五，我正未易善后耳。

《万年山中日记》第二十六册

(1935年3月31日—5月1日)

1935年3月31日

　　今代象棋国手谢侠逊（宣）自上海函来，云："此间所有象谱均已付梓，惟《荟珍阁》原本迄未见过。"可见斯道述作之难。李茂祥来对三局，颇有进境。……马炮杀一马双士法（今日残局，得此已以炮占中令帅不得入五路。以将与彼帅同列束住黑士再演）：

　　炮五进一　帅六进一　马七退五　帅六退一　马五退七　马六进七
　　马七进八　马七退六　马八进六（得士胜）

1935年4月5日

　　夜唐岐欧来坐谈，三易阵线，岳生长奎司记录，因之各怀翼翼，走子殊慎重，往复三百合费二百余分钟，虽尚嫌速，然迟于素日者倍矣，稿记亦心力所萃，弃之不忍，附于卷末。

1935年4月24日

　　茂祥来坐，晚同车就食于粤小馆，盘桓周应，不觉极乐。夜散步海岸，观潮而归。
　　今夕之会，以胜者二分，和者一分计之，李茂祥得五分，予得九分，但七局皆让先，所谓输君一着也。李君得先叠用兵三进一布子，因是马二进三，马三进四或进二，马四进三得三路卒而运其三路兵渡河，以牵制敌人之左马右车。余虽屡得乘机得子，然十步之内每觉应付之重，因彼挟定局以攻让先者，然则其有道以处此乎。因作兵三进一解，起局有（一）炮二平五、（二）炮二平六、（三）马二进三、（四）象三进五、（五）兵三进一五种（对称者同）。（一）为当头炮，（二）为列手炮，（三）起象局，（四）与（五）为屏风马或改它局，亦可中途看势为之，此外有（六）兵一进一、（七）士四进五、（八）炮二平四、（九）炮二进二、（十）炮二平七、（十一）马二进一六种，多系作茧自缚，早成落伍。谢宣

《象棋秘诀》略能道出真际，最通行者首列五种，综自来迁嬗①而言之，当头炮与屏风马为最当行，破一切诸局者，当头炮也。破当头炮者屏风马也。得先则腹稿中可概定一局，让先则当机定之而已。少时以为先后一着无所关系，今者戎马半生，深知一着后先已操全局枢纽，如运动健儿之争一肩，实以全力赴之而莫能致也。曰："但争先耳。"聪明人一语道破，而要为至浅至近谈，但有终身自由之而不知其道者，此兵一进一之着应局最多。

争先之法谢宣列：

（甲）兵三进一　卒三进一　马二进三　马二进三　马八进七　马八进七　车一进一　炮八进四

（乙）兵三进一　卒三进一　马二进三　马二进三　马八进七　马八进七　炮二进二

二种此言其稳妥者耳，（甲）局以八路炮取其七路兵而压其马，（乙）局应续演象三进一、士四进五以求速出一路之车，急则车九进一以横车出发，以此而言皆不失着而已，尚无抢先之特着。谢宣对客所弈，每用卒三进一或马二进三。

惟晚出之局必用：

（丙）炮二平五　马二进三　马八进九　车一平二　卒七进一（但列应着）

以令敌方不能起象而先出车，在彼已是创见，开前人未发之局，然所著《秘诀》中未列此项，或尚留以有待《丹铅杂录》云。欧公不以首倡古文，许尹师鲁评者谓如善弈者常留一着之谓欤。学之者常苦于两炮并列，堵塞左边车马出途。

此外尚有应以：

（丁）象三进五　马二进四　马四进六　卒七进一　马七六进七（王浩然多用此诸着争先）

（戊）马二进三　车一进一　卒七进一　车一平七　车七进三（万启有多用此数着弃兵捉兵争先车至河口）

所知者如上五种，其（丙）（丁）（戊）三种皆近人创作，可备一格者。

比综阅南北名手之谱，得下法：

（巳1）兵三进一　卒三进一　马二进三　马二进三　马三进四　炮二进四

为最锐，盖此时已令敌方不能不照下演着也：

（巳2）马三进四　炮二进四　马八进七　炮八平五　象七进五

此时敌方在应着，我军乃续演：

（巳3）象七进五　马八进九　士六进五　车九平八　炮二平四　炮二平五　马七进五　炮五平四

以争得当头一兵，先着在握矣。惟敌必应以：

（巳4）车九平六（求捉中卒）　卒五进一　之后马四退六或进六

退以捉五三两卒，进以兑马进车迫兵。应付之术，尚未易一言尽之，而大体已具于此。然则谓抵屏风马者仍以当头炮为健，亦无不可慷慨扬鞭以此饮马河朔也。夜深花睡，以此坐隐耳。

【注释】

①迁嬗：变易蜕化。

1935年5月1日

象局起子前作兵三进一解（见四月二十四日），列炮二平六为第二种，遍考梅、橘两谱，及今人对局数百通，未见用此着，料知必有得先失先之埋伏在，今日见客二局，皆以此发炮，若应以炮八平五，兵三进一，炮二进四，彼之中卒必不能保，盖已经炮二平六，则彼八路之马脚已塞，我两以炮取中卒间，以兵三进一，彼仅恃一马，无法保卒也，于是不能不起士飞相，我军可以进窥矣，古人非拙，既无人取此径路，其故可思耳。又按《梅花谱》第二编有《当门炮破过宫炮》五局，过宫炮即炮二平六（或八平四）也，穷极各变，其归以攻破中卒胜。

《不其山馆日记》第一册

（1935 年 11 月 13 日）

1935 年 11 月 13 日

　　《象棋谱大全·象局集锦》第四十四局，红棋将一四，相五七，炮五八，炮五九，马七四，车七七，车八九，卒五八。黑棋帅一四，象五三，车七四，兵八二，兵八四，车八五，炮九一（坐标先列后行）。取名《张纲埋轮》，以两弃其车迫成和局，用《前书·张纲传》语，汉安元年，选遣八使徇行风俗，皆耆儒知名历显位，唯纲年最少，官次最微，余人受命之部，而纲独埋其车轮于洛阳都亭，曰"豺狼当道，安问狐狸"云云，不图小技之言，有符大雅。原局：

车九平六　车四退四　车七进三　象五退三　炮九进五　象三进一
炮八进五　炮一退九　马四进六　车五退七　马六进七　帅四进一
马七退五　兵四平五　马五退六　兵二平三　马六进八　帅四平五
马八进九　兵三平四　炮八平二　兵四进一　炮二退九　兵四平五
炮二平五　兵五进一　将四进一

　　红棋两弃其车，两黑车亦同归于尽，而以两黑兵逼宫，亦不得不言归于和，据云近人鄞县傅荣年拟局，信佳构也。按：第十三着马七退五之后黑帅四平五去马，红将四进一亦和。

象棋譜大全象局集錦第四十四局 紅碁將四相五七礮六礮五九馬七四車七七車八九卒五八黑碁
帥四象五三卒七四兵八五礮九一（塁標先列後行）取名張綱埋輪召四棄其車追賊
和局用節書張綱傳語漢安元年遷遣八使徇行風俗皆著儒知名多歷顯位唯綱年最
少官次最斂歷人受命之部而綱將埋其車輪於洛陽都亭曰豺狼當道安問狐狸云云
圖小技之言有符大雅原局車九平六車丁四退四象車七進三砲九進五象三進一砲八進
五礮一退九馬四進六車五退七馬六進七帥四進一馬七退五兵四進一砲二平五兵二平三馬進
八礮四平五馬八進九兵三平四礮八平四兵五砲二平五兵五進一將四進一紅
碁四棄其車兩黑車亦同歸於盡必以西黑兵逼宮亦不得不言歸於和據云近人鄞
縣傅榮年擬局佳構必樓苧十四着馬七退五之俊黑帥四平五去馬紅將四進一亦和

《不其山館日記》第一冊 1935年11月13日（手稿節選）

《不其山馆日记》 第二册

(1935年12月31日)

1935年12月31日

《畴厂坐隐》一局，周承佑（先）、黄任初（丙子元月二日在齐东路对局）：
卒七进一　兵七进一　马八进七　马八进七　马七进六（取三路兵）
炮二平五（夺先之着）　马二进三　炮八进四　相七进五
马二进一（保三路兵）　车九平七（在此着以前十着见之《梅花谱》，各名手多用之，以后则不尽同，周君用此着夺先，妙）
车一进一　炮八平七　车一平四　马六进七　马一进三　卒七进一
（红炮不去马而用此着，仍是夺先之着，但胜负之关键即在此）
炮八平五（急出车）　士六进五　车九平八　炮二平一（此着稍失）
马三进五　炮七进七　士四进五　马三进五　马五进六　车一进一
炮五进四　车一平四　马六进五　士四进五　车八进九　车四平三
车四进七　炮一平四　象七进五　炮七平九　象五进三　车七进五
将五平四　炮四退二　车八退四　车七进四　将四进一　车七退六
马七进六　车三平四　车八平六　车七退三　马六进七　车四平三
（从此红方二车已不能直进，以后各着不列入亦可）
车六进二（马车两夺红象，黑方已无力抵抗）

此局胜负之数略如上方所注，两方俱走夺先之着，因夺先而失着最属无可奈何之事，周君兵七进一之着本甚猛健，应付失机既被破象，又引一卒渡河，所谓关键者此也。任初注，丙子一月四日夜补笺。

又：
卒七进一（周先，丙子一月七日）　兵七进一　马八进七　马八进七
马七进六　炮二平五　马二进三　炮八进四　象七进五　马二进一
车九平七　车一进一　炮八平六　炮八平五　士六进五　车九平八
车一平二　车八进五　卒三进一　车八平七　车七进三　车七平四
马三进五　车四平五　马五退三　兵七进一　车七平四　马七进八
炮二平一　兵七进一　车四进二　马八进六　车二进九　车一平七
炮一进四　炮五平九　马三进五　兵七平六　马五退七　兵六平五
炮一退二　马六进五　象三进五　兵五进一　车二退七　炮九进四
炮一进五　炮九进三　车二退二　兵五进一（按此局第十九着兵三进一，应属失着）

《不其山馆日记》第四册

（1936年1月17日—2月1日）

1936年1月17日

　　弈谱《橘中秘》为上乘命名之旨，取《搜神记》：巴邛人家橘园，有三大橘如三斗盎，剖开每橘有二叟相对象戏，一叟曰："君输我瀛洲玉尘九斛，龙绡袜八两，后日于青城草堂还我耳。"

1936年1月22日

　　《畴盦坐隐》一局，周承佑（先）、黄任初（时间三十五分）：

卒七进一　兵七进一　马八进七　马八进七　马七进六　炮二平五
马二进三　炮八进四　象七进五　马二进一　卒三进一　兵七进一
象五进三　兵五进一　炮八平五（此着尚新）　车一进一　炮五进三
士四进五　象三退五（失先之着）　车一平四　马六退四　炮八平七
车九平七　车四进五　卒七进一　炮七平五　士六进五（输着在此）
兵三进一　车七进五　将五平四　车七进四　将四进一　马三进五
炮五进四　车七退九　马一进三　炮二进六　士五进六　车一平二
马三进二　马四进三　马二进一　炮二退七　车九平八

　　按名手对谱以七八十着之局为最多，其过百步者多属对子之后各失斗力，遂无精采可言。其不及五十步者必系一方失着太甚，为敌所乘而不成军。前三日之局溢出百五十步而尚少松懈，今夕之局虽仅四十余步而无过浅显漏着，此二局尚可存，寄赵涤之保定订之。

1936年2月1日

　　报载华北棋坛总司令谢侠逊今岁首入广州，会师青年会任盟主，取擂台式车辆战法，第一日胜黄松轩，再败冯敬如，第三日连为曾展鸿、卢辉、陈镜堂所败，最后一局自放弃。名手棋亦有输时，粤人讥之过也。

《因树山馆日记》 第一册

(1936年2月14日—5月4日)

1936年2月14日

　　舟中有棋可弈，最可过日，吾侪无弈弈之名，又与不识面对手，胜固欣然，败亦可喜，榜人镇江李某，皆言其耆弈如命，弈谱满箧，招之来立至，必欲让予先，予不免有戒心，姑以大列手炮①得先出之：

　　炮二平五　马二进三（客后）　马二进三　炮二平一　马八进九
　　车一平二　车九平八　车二进四　车一平二　炮八平六　车二进四
　　马八进七　卒九进一　士六进五　马九进八　车二平六　车二平六
　　马七进八　马八进六　马八进七　马六进七　炮六平三　炮五进四
　　炮三平五　炮八进七　将五平六　士六进五　车六平五　炮五进二
　　炮五进四　炮五退六　车九平八　车六进五　将六进一　车六平四

　　第二局：
　　炮二平五　马二进三（客后）　马二进三　炮八平四（失着）
　　炮五进四　车九进一　车一平二　马八进七　炮八平五　车一进一
　　炮五退二　将五进一　车二进五　将五平四　车九进一　象七进五
　　车九平六　士四进五　车六进六　士五进四　炮五平六（三路）
　　士四退五　炮五平六（五路）

　　泊夜复续对十余局，予亦负四局，客盖善用炮八平四小列手炮局攻三路，卒以便一车二炮攻敌手单头炮后之畸象者，棋品亦佳，论造诣或在八九级间耳。

【注释】

①列手炮：象棋术语。一种开局着法。也称"逆手炮"，双方第一着都走中炮，而两炮方向不同，故名，它分为大列手炮和小列手炮。在列手炮开局中，如果双马中一马出边路（即马二进一或马八进九），另一马出非边路（即马二进三或马八进七），大列手炮。如果双马均出排边路（即马二进三或马八进七）则为小列手炮。

1936年2月27日

　　河南按部轺车中得固氏、万氏藏书数十种，舟箧以《橘中秘》自随，卧游目想，不需布子而全局胜负之势，了然如运诸掌，此比来一进境也，吹竽自喜之失笑。

1936年3月3日

　　有员生数人来，未知名。晚旧人袁武烈招饮东堤金轮酒店，衍璿驾车来同入市，先赴何宅晤衍璿夫人，儿女成群，兰珠双秀。衍璿出其弈谱盈箧，箸书满家，已与当代一流黄（松轩）、冯（敬如）、周（德裕）、窦（国柱）辈后先骖驔，针锋壁垒。信乎，士别三日也。假其所著《开局着法》一卷及《集局记话》三卷，其他对局，俟诸异日。

　　夜宴珠江之干①，茜丽物华，丰昌士女，无殊昔日。益想当年，画舫鱿窗，雕栏麝袖。煊六朝之金粉，缋百粤之江山。天下英雄，何渠不若汉哉？有客未临，袁、何二子对演一局，余视而乐之。衍璿且欲寻一旅邸，招棋手对弈，以饱予之观战，深感其意，后会有期。流盏既酬，归成发，镜潭已鹄待久矣。……得一快浴，枕上阅何氏棋谱。

　　《象棋开局着法》一卷，广州何衍璿拟稿，江都周德裕签注，署二十三年五月，分新式屏风马②（四局）、旧式屏风马（十二局），广州式当头炮③（四局），河头车当头炮（三局），马卒局（九局），单提马④（七局），鸳鸯马⑤（五局），顺列手炮（六局），八种凡五十局，每局仅布往复十余着，周德裕签注红棋或黑棋一着至二着，为指示初学者入门，大率秉前人之成法，惟屏风马特标新式四局者，得先之人以炮二平五，马二进三，马八进七，卒七进一，车一平二，车九进一，车二进六，车二退二出战，让先之人应以马八进七，马二进三，兵七进一，士四进五，车九平八，兵三进一，炮二进一，兵三进一（其次序应是如此），注者谓黑棋应行兵三进一（去卒）为正着，自与《梅花谱》等所传者稍异。又广州式当头炮者，于炮二平五，马二进三，车一平二外，必用马八进九，此真独异也，其得失当较阅诸对局方知之，何君则振振不绝矣。何氏《集局记话》三卷，载外省谢、周、窦、罗天阳、方绍钦与本省黄、冯、卢辉、曾展鸿等尘战不下二百余局，皆二年来省港各报精华所萃，中有衍璿四局，一对冯让先胜，一对冯得先胜，一对卢让先和，一对窦让先负，四局均可存之作，运子甚灵活也。

【注释】

①干：同"岸"。

②屏风马：象棋术语。一种开局着法。一方双马并踞（炮二平五、马八进七，马二进三、马二进三），保护中卒（兵），故名。

③当头炮：象棋术语。一种开局着法。也称"中宫炮""中炮"，起着把炮放在正中线位，是先走一方采取主动攻势的一种布局。

④单提马：象棋术语。指象棋开局阶段红方走马二进一或马八进九，多用于五七炮开局。

⑤鸳鸯马：象棋术语。也称"连环马"。是一般对弈中一种罕见妙见。

1936年3月11日

衍璿电招市饮，答以大新弈场相见。昨日蔡少士来函订会，呼小奚导往潮生庄楼上，杂客接踵，语默皆非，邀之同入城践何君之召，弈坛上已对阵迎敌，似非高手。何君见予，立介东粤第一弈家黄松轩，交致好意，迟之已久。今夜应有自香港名手来者，卒不果来，只见黄君与两客弈二局，故作和局，为弈客留明日相见之券计耳（坛约：胜棋王黄君者得券，有差和则保留入场券）。戌初，何君夫妇招黄君与予上四美茶室，尚有一客，则华南棋使冯敬如也（前年，华东代表周德裕、林奕仙，华南李庆全、冯敬如，今李已殁。据谢侠逊书，南东对弈十六局，各得十六分。去年省际对赛，粤二十二分，省外十四分，计黄松轩九分，周德裕八分，冯敬如八分，卢辉五分，方绍钦四分，罗天阳二分）。此时少士已不知安往，渴言求晤，及面阑单（东暂时赋驾，阑单之疲，牛又清异录阑单带堆垛形肥人也），为之惘然。洎拾级开轩，香泉正熟，何君启簏，弈具整然，覆演昨夕胜冯先一局，与冯对一局和，冯黄对一局黄胜，嬲予对冯，敬谢未遑。企想经年得亲名著，更承订友，不负此来，但愿敛手凝神，得少佳趣，葵心已足，驴技何堪。综观三局，冯开局皆用炮二平五，马二进三，车一平二，车二进六，车二平三，卒七进一，马八进七，炮八平九，车九平八等着，应者马八进七，马二进三，车九平八，炮八平九，车八进二，车一进一，车一平四，炮二进四，车四进五……以后得尺得寸，将计就计，实力各具，名下无虚，每着多不过一分钟，遇难着或稍持重耳。壁上之予，辄为悬拟，合者十九，否者十一，所否者皆远胜鄙见，谛视焉而服其卓绝，幸参一夕之话，胜读十年之书，袖手静观，略可默记，假遇白猫乱局之黠（明皇将输，贵妃放猫子上，局乱之。见《酉阳杂俎》），不让王粲覆局之神（《魏志》王粲事），兹仅记予之误见者……兹夕何君诸友之馈我多矣。夜分始归竹栏门假榻，嘈市叫卖，大非深巷花声之比，梦中犹时如参局也。

1936年3月16日

晨六十度，阴不见日。

早课毕，环而质经者纷然，诲之无倦，退稍憩。亚侄余维恭来见其外祖蔡明亭，娴叔也清韶似之，按《尔雅》云：西婿相谓为亚。习算习题未遑他阅。日加申，刘俊贤来约晚酌，衍璿偕来，即同车而往西至十六甫，入黄松轩宅小坐，衍璿近对冯天如八局皆让先，胜四负三和一。今日以其和局请益于黄，即前日邀余不晤之夕下此一局，费五小时云（别追录之）。晚会于金轮酒店，何、黄谈艺入玄，所谈皆一子之得失，惟不对局，谓不欲以夫子之道反害夫子云。移时朱君入坐，何评其技在一等二等之间，闲复强予与对局，不妨第八着炮八进四即被活捉，勉力撑持幸得和局，松轩指示一二着并曰："尚须于开局处再下功夫①。"酒熟肴陈，主妇亦至欢，尽数杯，仍偕何、黄同上长堤大新三楼，一室聚弈十余人在焉，中有操吴语者，则当代棋司令平阳谢宣侠逊也，与谈片晷，稍致慕思，据云尚有年来南游弈谱不日杀青（住马海洲宅）。惟粤人多评谢技不能压倒世人，衍璿且谓近年象艺已突过前人，有如旧时算学、代数、几何等书好设为种种难题，尚少分析之法。今日棋品已能剖解原理，十步之内胜负已定，黄亦云只欲不走漏着，十局八和，所争者临局之精力耳，专心致志惟弈秋之为，听古之人何独不然。旋又假得衍璿对局三册、弈具一套以归，真精品也。交亥及成发之门，主人久待，吴小谈戒。夜入梦难温。

【注释】

① 日记原文为"下工夫"，今正之。

1936年3月17日

夜校何氏局一卷，何氏象棋对局有：黄松轩先胜窦国柱一局（五十五着后）。为棋势如左，按此局所以归窦（后者）负，其着法为：

马六进五（原第五十五着）　车三进四　士五退六　车三平四　帅五平六

车三进九　帅六进一　兵四进一　帅六平五　兵四进一

其原着法别存稿。（所补着法不足存）

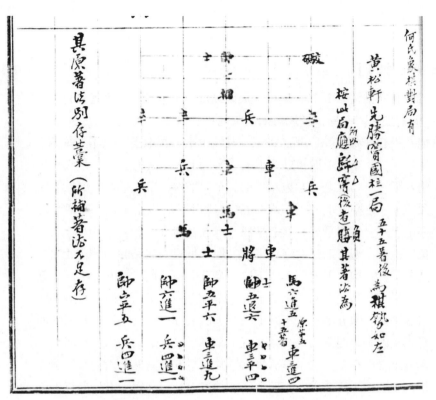

《因树山馆记》第一册 1936 年 3 月 17 日记（手稿节选）

1936 年 3 月 31 日

午衍璙强予与刘生对一局，尚可存：

炮二平五（刘先）　马八进七　马二进三　马二进三　马八进七
兵三进一　车一平二　车九平八　卒五进一　士四进五　卒五进一
兵五进一　马七进五　炮八进四　炮五进三　象三进五　马五进四
马三进四　炮八平五　兵七进一　车九平八　马七进六　车八进七
马四进五　马三退一　炮八进二　车二退六　马六进七　车八平三
兵七进一　炮五退一（三路）　炮八平五（八路）　车二进九
炮五退四　象三进五　马五进三　士四进五　车九平四　帅五平四
车四进六

（衍璙评此着进三为上，进五为中策，进六亦不失于下策）

车二退四　炮五进一　车二平四　马三进四　象五进三　马四退三
车四退三　马三进五　车三平五　车四进三　车五退一　马七进八
帅四进一　车四平五　车四平七　车五平七　帅四平五　车七退一
帅五退一　马八退七（红方非失马，则马后炮成局黑胜）

1936年4月26日

与戴君（淮清）弈局，最后一局尚劲健，未甘恝然，为追忆存之。
《畴盦坐隐》一局，屏风马抵当头炮：

炮八平五（戴先）	马二进三	马八上七	兵七上一	车九平八
车一平二	车八上四	马八上七	卒三上一	兵七上一	车八平三
炮八下一	马二上一	炮八平七	车三平六	车九平八	炮二平四
兵三上一	卒五上一	车八上五	炮四下一	马七上六	车六平八
卒七上一	炮四平五	炮七平二	炮五上四（三路）	士四上五
象三上五	炮二上二	炮五平八	炮二平三（二路）	卒七上一
炮三上三	炮八平七	车八下二	卒五上一	炮二平五	车八平五
车八平三	马七上六	车二上五	车五上一	车二平四	车五平四
将五平四	炮五平六	车四上三	士四上五	车三平五	帅五平四
马三上四	车四下二	马四上五	车一平二	炮三平六	车四平三
车五上二	车二上二	车五平六	帅四平五	马五上六	车三下二
炮六平五	士五上六	车四上一	帅五上一	马六下五	象三上五
车四下二				

按是局中局以前攻应均有精采。

1936年5月4日

晴，昏时雨，夜热为减，闻中夜月明，竹下无所见。

完早课后入市，吊张太公之丧。悬联以百，无可诵者，则予之作何处索解人哉。兹事遂发，不待十年。其中酸醎，口舌所嗜，尚难宣诸言语也。午息成发。镜潭相期已久，为再函节若问前事，闻前夕达夫、少士并来久待。今夕雨声滴历，酒薄难醉，常借名手对局，旅次自遣，枕上读谱，不必亲枰，亦能记其得失，无事惊王粲覆局之神也。间尝论之，明后所传《橘中秘》《梅花》诸谱类，皆作者预拟成局，设为对手，时而虚闪一枪，以显身手之奇，故今人时有观止之叹，近十年间弈手相对，乃多记存。己巳十九年，华东周德裕、林弈仙与华南李庆全、冯敬如、陈师香港凡十六局，前见谢侠逊择其漏着较多者数局，尚觉名下无虚，今见梁江枫汇刊全谱，误着弱着乃不胜偻指，林之对冯尚有漏失一车全军遂墨之局，精神不属，有负名手之称。近二年岭南诸手所角逐者已乏此病，黄、周、何尤擅开局，所争者得先失先之间，其几甚微，两不相下，十局五和，此技于今或稍出古人之上也。

《因树山馆日记》 第二册

（1936年5月16日—6月28日）

1936年5月16日

晴雾相间，午小雨，八十六度，南风竞。

课徒竟，悠然自得，苦茗为甘。陈仲滔自江宁束来。四十年里友，不过二面，垂垂老矣，可念也。……

休沐多暇，招客斗机，其可记者，开局以当头炮、屏风马为二大宗。炮八平四（或二平六）之过宫炮，梅橘两谱及所阅名手对局以数百计，无一用之者，盖得先者一炮过宫（八平四）则应以炮二平五，由是而马八上七，马二上三，车九平八，车一上一，车八上四，车一平六，士四上五，炮八上四，卒三上一，车六上五，则敌方中卒已在彀中，虽未失势，亦已失先，则其效可睹矣。今日一客用此着开局，予改以屏风马应之，亦新颖有味。

炮八平四	马二上三	马八上七	车一平二	车九平八	马八上七
车八上四	兵七上一	卒三上一	兵七上一	车八平三	马七上八
炮二平三	象七上五	马八上五	士六上五	卒一上一	兵三上一
象三上五	炮二上三	车三上二	马八上六	车三上一	马六上四
车一上一	炮八上七	象五下三	车九平六	车一平六	车六上七
马二下一	车六平三	车六上二	车三上二	象三上五	车三下一

（至是已缺其象，炮沉底必胜）

又一局前半已不尽记，后半杀局着着紧凑，兹图其中局而演之：

炮四下一	马九上七	马一下三	车八平七	炮六下一	车七平五
士六上五	车六上五	帅五平六	炮五上四	炮六上一	车六上二
帅六上一	炮五上一	车一上四	马七下五	车一平五	马五上三
帅六平五	炮五平一	卒三上一	车六平四	卒三上一	车四下二
车五上二	士四上五	帅五平四	车四上一	帅四上一	马三上四

夜多饮茶，四更方睡。孤馆人静，遥望西南一角方明。

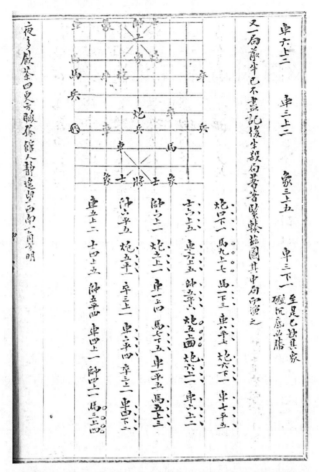

《因树山馆日记》第二册 1936 年 5 月 16 日（手稿节选）

1936 年 5 月 17 日

何衍璿抗刘、何、张联军一局，五十着一百七十分钟，屏风马应当头炮胜：

炮二平五（刘先） 马八上七 马二上三 马二上三 卒七上一
兵七上一 马八上七 象三上五 车一平二 车九平八 车二上六
马七上六 车二下二 炮二下一 炮五下一 兵七上一 车二上一
兵七上一 车二平四 炮八平七 车四上一 兵七上一 车四平三
车八上二 象三上一 炮二平七 车三平四 车一平二 炮八上二
车二上一 卒九上一 兵八平七 象一上三 炮七平九 卒九上一
炮九上四 车三平一 炮九平七 象三下五 兵一上一 车九上五
车二平六 车一下三 炮七平六 炮五平九 兵八平七 炮九平二
炮八平六 炮二平四（失） 炮六上三

让手第十二着炮二下一为一要着，棋谱尚未经见（以前均系官着，此着二十分钟）。先手炮五下一将捉八路死炮，则兵七上一为夺先救魏要着，此后以双炮射制象位，先手受窝心炮之亏不少，信变着之不易言也。

1936年5月22日

晚数学系同人租刘俊贤远行，衍璿偕往入长堤酒家曰大三元者（分子人五元），复以让双马对刘政举，用当头炮直车压马胜。

炮二平五（何）　炮二平五（刘）　马二上三　马二上三　车一平二
炮八平七　车二上八　车一上一　炮八上六　士六上五　车九平八
炮五平四　炮五上四　象七上五　炮五下二　炮四下一　车二下一
兵九上一（失）　炮五平九　车一平二
已失车，下略。

1936年5月27日

览各谱以直车当头炮得先者无不车二进六，比日某友独用车二进四，予以横车当头炮应之，如：
炮二平五　炮八平五　马二进三　马八进七　车一平二　车九进一
车二进四　车九平四　士六进五　车四进七　马八进九　车四平二
兵一进一

此时先手早失河头之车，横直失据，若由二平三取我之七路兵，则不如早进六路，免失一着之先，此自来车二进六之深意也。晚局客改用炮八平六先占士角，予以下之步骤迎敌：
炮二平五　炮八平五　马二进三　马八进七　车一平二　车九进一
炮八平六　车九平四　士六进五　炮二平一　马八进九　炮一进四
车九平八　马二进三　车八进六　兵一进一　车六平七　马三进一
卒七进一　兵一进一　马九进七　马一进二

既夺先手复过一兵，《橘中秘》饶先诸局无及此，惟吴兆龙残谱善用此，平炮夺兵由一路杀进，兵马侧迫敌境，予特用之于此，是可记者也。游泽丞屡不以予日记搀入弈谱为然，夫既不能尽日诵尧之言，行尧之行，所思所行，斤斤乎一枰之内，方寸之间，进不以寸，退且以尺，此固亦不得志于时者之所为，犹贤于无所用心者耳。偶存迹象，亦征机锋，必并此而泯汩之别，墌①捏差非事实之语，略敦不自己出之言，何为也哉，凡此所以存我真也。

【注释】
①墌：古同"址"。地基，根基。

1936年5月29日

昨日《国华报》载《象棋大全初集》（谢宣选）、《紧守虎牢》，原系和局，陈宏达评正红胜，予谓良然，今日着法与予不同。

原谱：

卒六平五	士六上五	车二上二	士五下六	车二平四	帅五上一
象五下七	车二平六	车四下七	兵七平六	炮三平五	帅五平六
炮五下二	兵六上一	将四平五	兵六平五	将五上一	炮九下五
马二下三	炮九平五	卒八平七	象五下三	相七上五	象三上五

评正：

卒六平五	士六上五	车二上二	士五上六	马二上四	帅五平四
车二平四	帅四上一	车四下一	帅四下一	卒八平七	帅四平五
车四平八	帅五平六	炮三平四

评正亦误，红胜仅用二三着便杀棋，何消如此费事，炮三进五，象五下七，车二平七。黄松轩订定如所说。（六月初十日夕在何宅）

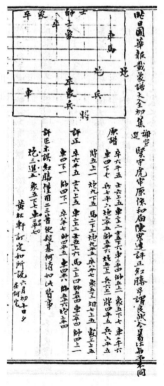

《因树山馆日记》第二册1936年5月29日日记（手稿节选）

1936 年 6 月 8 日

午衍璿来面订后日棋会，所论直可存者。……

近人开棋多用卒三进一，谓为"仙人指路"①，以其变化最多，既不令敌手即知所布何局，而在此着之后各种布局仍可随时施用至其应之之法。衍璿言兵三进一，马二进三两着为稳健，谢侠逊每以炮二平七应之，且于其所著象棋新谱中言此着为其心得，复当别着书论之，是非，妄即秘也。予偶袭用之，除炮八进四疏左半之壅塞外，鲜不叠失先手。今日衍璿言之尤晰，如卒三进一，炮二平七，炮八平五，马二进三必应之着，马二进三，卒七进一，非此不算夺先，马三进四，象七（三）进五，马四进五，士六（四）进五，炮二进七，车九平八，马五进三，既得中卒又攫一马，兑子亦得当头炮也。予去年尝作兵三进一解，此可以广前说也。

【注释】

①仙人指路：象棋术语，也称进兵局，一种开局着法。

1936 年 6 月 10 日

日入应何宅饭，约一时棋友黄松轩、朱、刘、何（湛）诸子毕至，裙屐翩翩，车辚马萧，欣抃之余，爆竹张之，衍璿属①携去日记助棋人清兴，以中有记及较弈事也。是夕，朱君为盟主对刘（政举）、何（湛）各一局均和。予以前日（五月二十九）所评正《国华报》一残局就正黄君松轩，彼云："是也"。夜勉往成发言假一宿之榻，朱门路上，华屋山邱，不堪回头，无多可语。

【注释】

①属：古同"嘱"。

1936 年 6 月 16 日

晴，夜宿香江。

辨色即起，屏当行李，随者居者分别部居，此事亦见经济。辰刻往命题试场中平定臧否，清理职务而后行，还衍璿《何氏谱》。罗节若来访，交臂失之。午发石牌，同舍人郑重言别。车过东山与秋老一面，入成发小坐，偕镜潭答访丁静斋统税局差次。当年文谦之侣，末吏风尘之中。长我十年，别来一纪。清癯胜昔，神明不衰。言少胜多，会希心重。

海珠维舰曰"泰山"者，以申正东下，镜潭、桥梓护送至周。舟行多睡，夜睡望楼舣，有称棋王（叶姓）于"泰山"舟中者，榜人拥之与予对弈一局，局终太平山灯火在望矣。

"泰山"舟中对客（叶），屏风马抵屏风马和（五十八着，五十八分钟）

马二上三（客先）　兵三进一　马八进七　马二进三　卒三进一
车一进一　炮二平一　马八上七　车一平二　马三上二　马三上四
车九平八　车二上五　兵七上一　车二平三　象七上五　车三上一
炮二上五　炮一平八　车一平六　马四上五　炮八上七　士六上五
马七上五　车三平五　车八上五（失着）　象七上五　车八下一
车九平六　士六上五　炮八上二　将五平六　车五平一　炮八平九
卒三上一　车八上一　卒七上一　车八上四　车一平三　车六上七
卒三平四　兵三上一　炮八下三　车六下四　车六上三　兵三上一
车六下一　兵三上一　车六平七　马二上四　车七平六　马四上五
车六平五　炮九平七　车三下六　车八平七　炮八平九　兵一上一

至此我军余两车及一未能过河之兵，敌军余一车两士一炮，紧监一路之兵，其势不能不和。退而思之，第五十二着马四上五之攻象，反为失策，结果以一马一炮易一车两象，我既无炮，人尚有士，无害也。假令此着易为马四进六（作卧槽势，实欲取士），红军应士五进四，再接以马六退七，彼如炮二平四，则车八退一，车三平四，车八平六，帅五平四，车六进六，帅四平五，车六进一，即奏凯而归，失机交臂为可惜也。综而观之，此局惟二十六着车八上五，第四十五着车六进三两着不算误着，亦算失着外，余并针锋相对，骖乘齐镳，开局致佳，应局者马三进二于彼炮二平一之后兵七进一，于彼车二进五之时，甫应六着已夺得先，不云对付有方，则彼之车二进五为失策矣。中局自三十三着至四十三着，着着佳妙，旅中所遇此手不低，其品不在四级以下也。客似以得和为幸。维时亥正，舟亦泊岸，漫山灯火，如星倒悬，伊川百年，沼吴何日，里后进蔡际云（硕友之婿）、林有光（鹤皋长公子）接风江岸，相将入有信香庄，纵谈至四更，犹恋夜不睡。

1936年6月28日

晴，晨北风，午日映有浮云，雨旋息，八十八度，月明，二更北风息，苦闷。辨色治书，午退休，而踵门者穿户，皆有求于平原君者也。

侄孙文雄，以棋艺甲邑中，引与之言可受周曾辈让二先（马二进三，卒三进一为常），此才难得。

付启明斋交商务馆购《缩本四部丛刊初编》，直百五十金（凡四百册），十年梦寐若见书，定交一旦，即此是闲户一快。

文雄问"弃马陷车局"得失如何。按此局经黄松轩创见平车杀中象之后，先手仍可不失，杀马失车无害，此象棋进步之一种也。演之如下（按《梅花谱》尝有此局，以为得车者胜）：

炮二平五　马八上七　马二上三　兵三上一　车一平二　车九平八
车二上四　马二上三　卒七上一　兵三上一　车二平七
炮二平三（炮二下一，炮八平七）　车七平三（至此官着）
兵七上一　车三上一　象三上五　车三上二　马三下五
炮五上四　炮三上八　帅五上一　炮三平一（杀车）　炮七上二
车一平三　炮七平五　车三上一　帅五下一　车三下六　卒三上一
炮八上四　马三上四　炮八平七　炮五平三（七路）　炮七下三
马四上三　车三上二　车三平五

第二十四着改为炮八平九可成和局，又见二五〇九〇七日记。

夜月下课诵，书声琅然，睡时苦蚊，扑之三四，方获少安。

《因树山馆日记》第三册
（1936年7月29日—9月22日）

1936年7月29日

　　暑中居园，每借坐隐，养其心机法，取弈谱令一儿诵其一着，而默拟其应着，开局十余着后，涂辙①不至大相径庭，拟之而符也，则喜不符也，则比量之，固然多不如着，然五步之内，必有芳草，未敢妄自菲薄，弈侣太不易得，吾以此与海内名手周旋，未始非不出户庭之得策，而"今胜于古，粤优于北"二语，比日饶有证悟处，不尽粤人之夸言也。（报载谢侠逊过厦门所向无敌，而败于一白姓未冠之童骏②，非比则皆称臣妾于谢氏云。胜负不常，国手尽有输时也。）

【注释】
①涂辙：车轮的痕迹。比喻行事的途径。
②童骏：由于年纪小而无知。

1936年8月14日

　　晡自订《石杨遗局》十二谱，其"对兵局"尤细入毫芒，得寸则寸，所争惟在先手一事，不矜才使气，而内功中蕴，玩味移时，满胸韬略，此乾嘉间邗江名手也，石名已佚，杨名健庭，善用马，当时有"四面虎"之称云（谢宣弈乘）。

1936年8月16日

席地订改弈谱一局。
《石杨遗局》第一局"屏风马巡河炮抵当头炮"演成和局，着着正步，本无可议，惟非出自对局，两竭心力，不无举足重轻之处，夜不成寐，改步存之。
原着：

炮二平五	马八上七	马二上三	兵七上一	马八上七	马二上三
卒五上一	象三上五	车九上一	车九平八	马七上五	兵三上一
卒三上一	炮二上二	卒七上一	炮八上二	车九平六	士四上五

炮八平七　车一平四　车一上一　马三上四　车六上三　马七上六
卒五上一　马六上五　马三上五
原谱应以兵五上一演成和局，今改应着如下：
兵三上一　马五上七　炮八平五　士四上五　炮二平三　炮七上三
炮五平三　象七上九　兵七上一　车六平三　马七上三　车一上一
马三上一　炮五上五　象七上五　车一平九　车八上六
至此，让先者得一象一中卒可操胜算。

1936 年 8 月 28 日

省报载邹青、周德裕胜一局，往复仅三十余着邹已失局，而并无失着，不过因马二上一之单提马受周之蹈攻中卒之隙耳，特记存之：
卒七上一（邹先）　兵七上一　马八上七　马八上七　马二上一
炮八上四　象七上五　炮八平五　士六上五　马二上三　炮二平四
车一平二　车一平二　炮八平五　马七上六　兵五上一　马六上七
车九上一　马七下五　马三上五　马五上七　马五上六　马七上五
象三上五　车二上四　马六上四　炮八平六　马七上六　车二平四
车九平二　车九平七　车二上八
按以下黑棋尚有炮五平一要着，又车九平七在红棋不如炮四下一，尚可支持败局也。

1936 年 9 月 6 日

邹曼支来约下三局，首局以士象对一马一卒，本可成和，《橘中秘》原有和败二种，但令将独占一行，联络二士，可不致败，乃更不经意而失之。次局以车马兵和车炮卒，三局皆让先，幸胜一局，覆视之不无漏着，更难免有疏着，佳谱难得，姑记存之，虽小道而非一蹴可及者。
卒三上一（邹先）　炮二平五　马二上三　马二上三　马八上七
车一平二　车九平八　车二上四　炮八上二　马八上九　马三上四
炮八上三　卒七上一　车九上一　马四下三　炮八平三　象七上五
炮三上一　车一上一　车九平六　车六上五　车一平六　车八上三
车六平八　车八平七　车二上一　车七上三　车二下三　马三下二
车七平八　炮二下一　士六上五　车六平四　车八上一　车四平三
炮五平六　马七上六　炮六上一　车七下一　象三上五　车七平四
炮六下一　士四上五　车二上三　马六上七　车二下二　马七下六

车二平四　马六下七　马三上四　车四下三　车八下一　炮二上一
马四上三　象五下七　兵五上一　马二下一　马九下七　炮二平三
兵五上一　卒五上一　马七上六　车四平六　车四上四　士五上六
马六上五　士六下五　象五下三　象七上五　炮六平五　炮三上一
马三上一　炮三平五　马一上三　帅五平四　车八平六　车三平四
炮五平六（时间三十分钟）

1936 年 9 月 7 日

论棋第一局"单头炮①破屏风马弃马陷车局"，黄松轩主胜，衍璠主和。
原：
炮二平五　马八上七　马二上三　兵三上一　车一平二　车九平八
车二上四　马二上三　卒七上一　兵三上一　车二平七　炮二下一
炮八平七　炮二平三　车七平三　兵七上一　车三上一　象三上五
车三上二　马三下五　炮五上四　炮三上八　帅五上一　炮三平一
炮七上二
原车一平三负局今改为：
炮八平九　炮七平五　车八上八　帅五下一　车一上二　炮五平八（七路）
车八平三　炮八上三　车三下八　炮八下三　车三上九　炮八上三
车三下九（和）
论棋第二局"单头炮破单提屏风马"一法：
炮二平五　马二上三　马二上三　马八上九　车一平二　车九上一
卒三上一　炮八平七　卒五上一　象三上五　车二上七　车九平四
车二平三（去炮新着）　马三下五　车三平一　炮二平九（去车）
炮八平五　车四上七　马三上四　车四平二　卒五上一　车一平二
卒五平六　车二上一　车九平八　车二上九　马四上三　车二下七
炮五平一（七路）　车二平一　马三上二　炮九下一　卒三上一（黑坐毙）
又述屏风马应当头炮，若用单提马直车则胜操于先手。与衍璠对演数局未得定论。

【注释】

①单头炮：象棋术语。指第一步将炮放在正中间的象位，意在打对方中兵。

1936年9月10日

《古今事物考》十卷，明鏊厔王三聘辑，尝见宋高承《事物纪原》而善之，三聘此书亦遵其意，无序无跋，不知尝见高作否，"象戏"条下云："《太平御览》曰：象戏周武帝所造。"而行棋有日月星辰之目，与今所为不同。《说苑》曰："雍门周谓孟尝君燕则斗象棋。"则战国事也。故今亦曰："象棋盖战国用兵最强，故时人用战争之象为棋，势也。"据今人谢宣《弈话》："战国时所通行之象棋，其纵横格线与围棋相同，司马光曾仿其图式损益之。"按兹事自宋始有，确证也。

1936年9月11日

夜浴罢纳凉南窗，灯高帘远，仅可阅大字本，温《霍光金日䃅传》，抛卷仍念兹在棋。戴淮清午来共弈局三，邹曼支索战有顷，应之七荡而六决，日未曛也，予意欲用列手炮破当头炮，故敌以炮二平五，我以炮二平五应之，逆知其必先去中兵也，而每于马二上三，我马七上九之后，炮五上四，士六上五，炮八平五，马二上三，马八上七，车一平二，车一平二，车九平八，车九上一，车二上四，炮五下二（七路），车二平六（或炮八进四），至此为官着，我可占先出车之形势。

今日诸局皆采此法，开局以理论之。彼之炮五上四诚输一先，然我九路马此时究无进攻之处，还以炮八上四为要着也。

晚餐后见游艺室群少年弈，旋与一人对垒：

炮二平五（客先）　炮二平五　马二上三　马八上九　车一平二

车九平八　马八上九　马二上三　车九平八　车一平二　车二上四

车二上四　卒九上一　兵九上一　马九上八　车二平六　车二平六

马九上八（两方俱用橘谱列手炮局至此布局全同）

马八上六　马八上七（至此不能再行对称之着只有进求杀其中炮）

马六上七　炮八平三　炮八上七　士六上五　炮五上四　将五平四

车八上八（至此为先手必攻之着）炮五上四（此着为予在上海舟中对揭阳林某所发明攻着已得胜局，黄、何名手弈经肯认者）

车八平五　炮五下五　士六上五　（此时应应以将五上一而后象三上一，不料误应以车八上七，一失着彼遂）

车六上五　炮五下一　车六平五　将五上一　马三上五　车六平二

车五平四　将六平五　车四下六　车二下五　车四平三　车二上九

象三上五　炮三平四　车七上一　炮四上六　帅五平六　车二平三

帅六上一　车三下三　马五上四　车三平四

士五上六（此时应车八车六双捉士马，不意又走一松着）
车八上一　士四上五　将五平四　马四下六　将四下一　车三平四
车八上一　士五下四（此处为黑棋危着，若用车八下一，士四上五，
一将一闲，按例和棋）　车四平三　炮五下一　象七上五
马五上六　车三平四　车四上五　将四上一　车四下一　将四上一
帅六下一　车八上一　士五下四　车四平二　马五上三　车二上一
帅六上一　车八平六（兑车黑列胜）

弈竟，未别客为何人，但观其车八平五（二十九着）马四下六（五十九着）炮五下一（六十七着）诸着，心知其为一棋手在二等三等之间，或者曾经百战归来者，旋有告予此医科毕业陈君（今为助教），屡出席大新公司棋坛，与坛主黄松轩交绥，时能胜黄者，为之欣赏无竟。（陈君自言仅胜过一局，论力尚差一马，惟陈锦堂则仅二先。）

1936年9月16日

晚膳不进，因风伤嗽矣。闽关东伯来对五局，皆用卒三上一，马二上三，马三上四开局，我用《梅花谱》兵三上一，炮八平五夺先，中有一局颇寄精意，烛见跋矣（例以夜十二时灭灯），先存一局：

卒三上一（关先）　兵三上一　马二上三　马二上三　马三上四　炮八平五
马八上七　炮二上四　象三上五（按梅谱此处象七上五，今夕它局亦用之）
马八上九　车一平二　炮二平五　马七上五　炮五上四　士四上五
车九平八　炮二上五　车一平二　炮八平七　车二上五　马四上三
车二平七　马三上四　车七下四　马四下六　车七平四　马六下七
象三上一　马七上八　车四平七　炮七上五　车八上二

1936年9月20日

曼支登门索战，云例应休沐也，且云只以一局为限，乃立意留谱，下子稍稳（篆须作隐）。

象局对象局一局　凡一百着，八十分钟：

卒三上一（邹先）　兵三上一　马二上三　马二上三　象七上五
象七上五　车一上一　马八上六　车一平四　车一上一　炮八平六
车九平七　车四上四　炮二上二　车四下一（输一着）　兵七上一
卒三上一　车七上四　炮二下一　马六上七　车四上三
炮八上四（此着针对第十八着炮二下一着，否则失先失子）　马三上二

车一平六　车四平三　车六上七　士六上五　车六平八（杀炮夺先）
车三下一　车七平八　车三下二　炮八平三（得一卒稍松）
马三下二　车八平四（五路）　马八上七　车四上二
车九平八　士四上五　车八上三（此着锁得紧）　车八下四
炮六下二　车八平七　马三上四　车四下一　车三上一　炮二平七
车八平七　车四平六　车七平八　兵三上一　车八上四　马三上四
炮六平九　兵三上一　马七下六　马四上五　炮九上六　炮二平五
马六上八　马五上七　帅五平六　车六平四　帅六平五　将五平四
车八平七　车四上三　车七下四　车四平二　车七平六　士五上四
车六上四　将四平五　帅五平六　车二上一　帅六上一　车二下三
车六下一　车二平一　炮九平五　象五上七　车四下一　炮五上一
炮五下一　炮五平八　车四下一　炮八上三　士五下四　马七上六
帅六平五　车一上二　帅五下一　炮八上一　车六平三　马六下七
象三上一　马七上九　士四下五　马九上七　士五下四　马七下六（此局开局尚稳，中局最佳，扎劲寨打死仗，六十八着以后遂成末局，尚无轻心之子，不失劲敌之军。按"寨"字或作砦，汉魏皆用"柴"字，《后汉书·杨震传》"柴门绝宾客"。《吴志·甘宁传》"关羽结柴营"。）

1936年9月22日

　　开局用象三进五一着，挽近各名手对局，绝少见之，谢侠逊云只有炮八平五之应着，比日客先避我之中炮，屡用此开局而以辘轳两炮①固守。坐致中局以前难于发展。午问衍璠如何应着，则曰："马八进七，彼又马二进三我则马二进一，彼既不用中炮，我马单提守攻两便。"夜秉此义演习数局，手生眼涩，未奏肤功。此局粤中冯镜如最善。

【注释】

①辘轳两炮：象棋术语。指直线上的"担子炮"。可连续隔子以炮攻打对方之子。《橘中秘·金旨》有"辘轳炮，抵敌最妙"之说。

《因树山馆日记》第四册
(1936年9月26日—11月11日)

1936年9月26日

雅不欲驱驰王路，例假休沐，正好读书，苗生将衍璿雅意来迎，重违良辰，匆匆同往。先诣秋园，告以旦日勿驾车相迓。遂投北门何宅，主人桥梓执礼有加，弈友联翩专心致志，予亦与张（宗成，闽人）君执先一局而负。张何一局，何让先胜，已为斗力非斗智者矣，力量之殊仅此一间，张艺当在三等前茅也。夜宿秋园，特设一榻，兹谓去则悬之（道上饮冰其甘如饴）。

1936年10月17日

晴，连日过午皆八十五度，南方秋令如此。

日中毕课，既竭吾才，右腕惫矣，搦管不甚自如矣，种一顷之，落而为其其否呼？

读《礼记》未终篇。坐隐之友，从吾所好，日西方莫，炳烛继之。人先我后，常守苦悬不为天下先之言；知白守黑，独味蒙庄为天下溪之旨。方圆动静，知勇刚柔，方罫之间，寸心所宅。方以行其勇，圆以施其智，刚以持内志，柔以应敌，故其动也如水，无穷不敷，其静也如山，百练不挠。人利中宫射炮之雄，我深两马屏风之垒。一进中路之兵，其锋莫婴①，一升临河之炮，犄角以待。左右二卒，兵刃已交，横直双车，辇毂遥策。河卒致命，先不必贵，边炮横扫，后反为先。彼方借一鼓作气，再而未竭，我敢贻千里之谬，差自毫厘。望梯栈之钩连，策首尾之互应。相时而动，揖让而升，军无戏言，兵不厌诈。有一隙可乘，无令纵于眉睫，虽长驾之遥，功实积于跬步。急或投鞭以断其流，缓或深沟以固我圉②。长安似弈，杜陵之世事堪悲；别墅曾输，东山之流风未歇。

【注释】

①婴：通"撄"，触犯。

②圉：边陲。

1936年10月20日

卧阅本日《越华报》，十三龄港童江醒武与老经百战冯敬如对和一局，叹为得未曾有。江以中炮领先，冯以单提应马：炮二平五，马二上三，马二上三，马八上九，此棋王泽老伎也。车一平二，炮八平七，卒三上一，象三上五，炮八上四，兵三上一，又不甘弃中卒。卒七上一，象五上三，进展更缓。卒五上一，士四上五，车二上五，象三下五，卒五上一，兵九上一，冯此着争回一先。车二平四，兵五上一，车四平五，车九平八，马三上五，车八上四，马五上七，车一平四，马八上七，马三上二，炮五上五，象七上五，车五上二，马九下七，此着诡妙，大有一举定鼎之势。从此而：车五平三，炮二平五，车九上一，车八上三，马七上八，车八下二，冯以此着失一先。棋以下：象七上九，车四上五，车三上一，帅五平四，马八下七，马二下三，炮八平六，车四平五，车九平五，炮五上六，士六上五，马三上一，炮六下二，车五平四，马七上六，马一上三，将五平六，车八平四，马七下六，车四下二。

复续下三十一着成正官和。假使第三十八着车八下二易为车四上五，红棋无论如何应付，左士必伤，胜算乃应属黑棋。今日登坛之棋手不但不能有一着漏，而且不能有一着弱，有一于此转胜为和，转和为败之机钮在是焉矣。今夜记此，深为此车八下二一着耻之耳。（翌日又见港童麦绍文对杨汝瀋一和局，两童走子并佳妙，因此思棋事易于其他艺术。）

1936年10月21日

《畴盦坐隐》一局。夜与客对数局，我以让先用单头炮，明知其难，姑一试之，开局已被尽出二车，我又于中局走一来回着，遂致全受束缚，末局制胜颇有奇兵，客退乃追录之，客大埔戴淮清也。

马八上七　兵七上一　炮八平九　炮二平五　车九平八　马二上三
车八上四　车一上一（至上正着）　炮二平四　车一平六（亦正着）
士六上五　车六上五　马二上一　马八上七　车一平二
车九平八（至此为开局）　车二上六　炮八平九　车二平三
车八上二　车三下一　炮九下一　车三下一　炮九平七　车三平四
车六下一　车八平四　炮七平五　卒一上一　炮五上四　马七上五
炮五上五　象七上五　士六上五　马一上二　车八上二　炮二平二
车二平三（失一着）　卒三上一　车七平四　卒七上一
象七上五（又失一着）　马二上三　车四平八　炮二平三　象七下五（来回着）

至此为中局，毫不能活动。

炮八平七	兵一上一	炮七上四	马三上一	炮七平六	车八平二
炮八平六	车二上二（夺先之着）		卒三上一	炮五平一
帅五平四	兵一上一	卒三平四	炮一上三	象五下七	车二平七
卒三平四	车七上三	帅四上一	炮一下一	士五上六	兵五上一
卒四上一	马一上二	卒四上一	士五上六	炮四平五	士四上五
马三下四	兵五上一	马四上五	马七上八	车四下三	马八上七
帅四平五	车七下一	帅五下一	马七上六	帅五上一	兵五上一
马五下六	兵五上一	马六下五	车七平八	炮六平五	象三上五
车四上四	马六下七	帅五下一	马七上五	象七上五	马二上一
帅五平四	马二上三	士六下五	将五平四	车四下四	车七平四（黑胜）

复按此局漏着不一二见，本不足存，以其关节亦多，破格记之。

1936 年 10 月 25 日

星期。霮丽，南中正好时也。蔡謽来为德宣索书，以新印近文抵之，并束陈执笔无地之由。报载保定筹设讲学院，额生百人，分经、史、文三门。吴挚甫撰杖最久之所也，东事又紧。……

《象戏钩玄》二册，江都周德裕、顺德李善卿合编，今夕布校至子正，亦仅能阅四五之一，兹事诚不足拟于科学，然亦一字不能轻易放过者，意稍不属，领略遂无可言，其书盖专言先手单头炮之利者。凡分七类，曰"周德裕当头炮破屏风马"，五局，按明末《橘中秘》不论得先让先，皆以中炮（炮二平五）为主。屏风马应当头炮少仅一局，自来重视中炮如此，清初《梅花谱》乃极推屏风马之利，至今弈手皆是斯言。周续为此谱，大率依古人成法，惟于每着得失之数加以推敲，争得一子谈何容易，专在争先一层刻意揣摩，积其经验，以成斯谱。局之数为五，每局并变亦五，亦如梅花五朵之意。橘谱多迁就之著，梅谱有迁缓之处，后来居上，或能于此痛下功夫耳。曰"当代名手对局选粹"，三十局，纯录炮二平五开局者，且先手无负局（胜局二十和局十）。番禺李庆全遗局二十局（胜局十三和局七）。德裕对局三十局（胜局十三和局十八）。庆全尤善中炮，业梳箆，老失业，名亦不显，故编者特取以其张其军，玩其下着复饶远境，其他偶有称是，而中炮之效可睹矣。黄松轩、何衍璹并言：得到先手可操和算。世人亦公认黄、周中炮之犀利，今但视犀利之外能否有缜密工夫，即此书而观，"先手中炮可操和算"之言，近于理也。残局三种曰"象棋新残局"，三十局，李善卿、李庆全、林弈仙拟局，或选益之曰"杀法汇刊"，大率放《橘中秘》残局类，存其较精者曰"橘秘精华"，取前谱已成局势布图，而间增附变着，信为可存之选也。

1936年10月30日

犹贤室主拟局（廿九日《越华报》），红帅二六，马八四，炮十九，卒四七，卒九三。黑将一六，车十六，兵五三，兵八二，兵九七。

原二变着：马四上六，将六平五，马六上八，将五上一，马八下七，将五下一，卒三平四，车六平一。二变：卒三平四，车六下八。

接演并红胜，予谓马四上六，将六平五，马六上八，将五上一，马八下七，将五下一，马七上六，将五上一，卒三平四，车六下八。为必然之着，无须二变局，安有舍将着而不将者，此拟局者之疏也。

1936年11月3日

卢周新局越半月《越华报》亦揭出之（十一月十八日）。

凡一百四十二着（卢先:）

炮二平五	马八上七	马二上三	车九平八	车一平二	马二上三
马八上九	兵七上一	车九上一	炮二上二	车二上六	炮二平三
车二平二	车一平二	炮八平六	炮八上六	车九下一	炮八平七
车三下一	马七上八	卒七上一	象七上五	车三平六	炮三平五
车九平八	炮二上二	车六上二	炮七下二	炮五上四	士六上五
象三上五	炮七下四	炮六上七	马三下四	车六上一	马八下六
车八上一	炮七下一	车六下二	马六上七	象五上三	炮七上六
车六上三	炮七上二	士四上五	车八上一	车八平六	象三上一
车六上一	炮二平九	车六平一	炮九下二	象三下五	炮七下五
卒七上一	兵三上一	车一平四	车二上一	将五平四	车八上八
将四上一	车八下九	车六下四	车二上二	车六平二	车八平七
炮五平二	车七平六	车四上七	士五下六	炮二上三	士六上五
车二平四	士五上六	车四上三	帅五上一	炮二下五	车二平八
炮二平五	象五下七	车四平三	车八上五	将四下一	炮七上四
车三上一	帅五下一	车三上一	帅五上一	车三下一	帅五下一
车三下三	马四上三	车三平五	帅五平四	车五平一	炮九上四
相五下三	马三上五	象七上五	马五上六	将四平五	炮七下二
炮五平六	马六上四	车一下三	兵三上一	炮七平一	炮九下三
车一上一	兵三平二	车一平六	帅四平五		

1936年11月11日

　　目下细书，文光射斗，炙手可热，何况胸膜。晚炊生硬，强饭而棋，眼角纤维怦怦作痛矣。以得佳局，遂复忘形，苦于一蚊，中夜不寐。枕上追忆全局，希冀心迹，略存爪泥，然不可追踪矣。仅记杀局如下，按邹荫之以右中炮进中卒开局，我以屏风马改中炮应之，约五十许着后成此阵势：

马七上九　车二平一　车一平六　兵三上一　士六上五　车一下二

炮五下一（六路）　车一上二　车六上二（二路）　车一上三

帅五平六　车一平三（看局至此已成必败之势，忽然开朗）　帅六上一

车三下一　帅六下一　兵三平四　帅六平五　车三平四（九路）

士五下六　车四上一（至此败者亦释然欣赏不置）

《因树山馆日记》第五册

（1936 年 11 月 13 日—12 月 6 日）

1936 年 11 月 13 日

何衍璿论棋中人云："必十着之中无一弱着，方算一等，否则落二等以下，若有误着，则难列等。"准此临阵，心身交瘁，即论临文，何独不然，尽屏陈言而求戛造，又欲令初意勿晦，文机常灵，功固积在平时，力尤尽于秉笔，不落恒蹊，自成馨逸，岂易言哉。今日之夕，无与棋者，戏学裴迪，山中寄书，本以遣情，反竭残烛跋，三更脱稿，心火上腾，不敢即睡，温谱久之。

1936 年 11 月 17 日

访戴（淮清，大埔）隐局，中夜鼠来扰人，犹起张灯校存一谱也：
马八上七（戴先）　兵七上一　炮八平九　马二上二　车九平八
车一平二　车八上四　马八上七　马二上一　象七上五　卒一上一
士六上五　马一上二　炮八上五　炮九平二（此着输一先）
车九平六　士四上五　炮二上二　象三上五　兵三上一　卒七上一
兵三上一　车八平七　炮二平三　卒三上一　兵七上一　车七平三
马七上六（夺先）　马二上一（稍失之着）　马三上四
车一平二　车六平八　卒五上一　车八上六　卒五上一　兵五上一
马七上六　马六上五　车三平二　车八下一　马一下二　兵五上一
马六下七　马四上三　马七上五　兵五上一　马二上四　兵五上一
象七上五　马三上五　士五上四　炮三上五　士六上五
炮三平八（得车）　炮二平五　车二上九　士五下六　炮八平四
马四上二　炮四下二　帅五上一　炮四平六　帅五平四　炮六下六
卒一上一　车二下一　帅四下一　车二平五

近与戴淮清对局，常习后手中炮，而觉疏弱之处甚多，今日何衍璿云："后手中炮者例输二兵，若逢对手，则输残局。"前年（民国十六年）华东、华南之役，林奕仙殁于冯敬如者以此大受海报讪笑。其言信也。又昨日《越华报》犹贤室主残局：

红棋：帅一五，象三一，车七四，卒七三，卒七六，马九九，炮九十。

黑棋：将一四，士一六，士二五，象三五，车一八，兵九二，兵九六，兵九七。

予视为不成佳局，只消马九上七（将四上一）、卒三平二（黑方不论应何着）、卒六上一（士五上四）、车四平七诸着为必杀之棋。翌日揭发乃为马九上七、马七下八、车四上三开着，而生六种变局，红四胜二和。无俚之言耳，口述与衍璿质证之，彼亦云然，此黄松轩主稿之疏处。

1936年11月28日

旌旗无光月色薄，琼楼高处不胜寒，玉烛烧残，唾盒壶击碎。

夜之方中，得残局一方（与戴淮清对八局）：

马四上三（戴执红子，约各卅着走至此阵，全应以）兵四上一（变）

士五下六　车五平七　象三上一　车七上六　帅五上一　马五上七

帅五平六　兵三平四　帅六上一　车七平四

兵四上一（应此着尚有下着较佳，然仍不能挽救）

帅五平六　车五平四　帅六平五　马五下七　士五上四　马七下五

士四下五　马五下六（捉车胜）

又：

兵四上一　帅五平六　车五平四　士五上四　马五上六　帅六平五

车四平五　帅五平四　炮五平六　帅四上一　车五平六（亦胜）

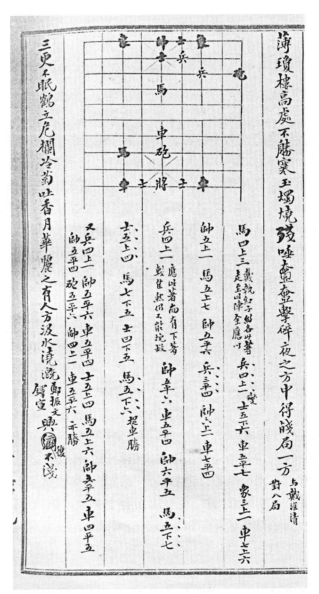

《因树山馆日记》第五册 1936 年 11 月 28 日（手稿节选）

1936 年 11 月 30 日

弈手黄松轩改建旧庐粤城之西，衍璠从之游甚习，趣予曰：子亦不可无一言也。成十四言：

赢得宣城羊太守（《宋书》："羊玄保善弈棋，棋品第三，太祖与赌郡戏，胜以补宣城太守"），婆娑别墅谢东山。

作小书溢额，既竭目力，作联本以遣兴，性又不惯间闲，则反不适也，然益悆矣，梦中扰扰，非名心之未尽，亦伎心之未忘。治心工夫，无一可言，只益怅惘耳。丙夜犹起而订谱，以为木鱼也。

1936年12月1日

晴。炎，午过室温升至八十三度，伞而出，晡有余热。清晨不安于枕，乱历荒丘，以摄清景。执鞭瘠口，日昃未休。夜演细草，火候正熟。（略数学习题）

子夜脱稿，招邹荫之对两局，以横车对中炮，即马二上三、车一上一、炮八平七、象七上五、车一平六、炮二上四、车六上五诸着开局，学最近吴松亭胜周德裕中炮也，此道至今日已非我行我法时矣。夜寝尚甘。

1936年12月6日

晚黄松轩约饮（百灵路兴隆街西一巷三十四号）并属与其弈会，非不欲往，囊空途远，喧市借宿，诘朝①公事，又虑愆期耳。回忆历下典试，余间遍访曲水亭、趵突泉弈侣而不可得，如何胜集，失之交臂。雁晴假我三金，仅得一走（道逢蔡智将潮莽来）。穿曲巷登一楼，子声丁丁，然户外不止二屦，一时名手，相与为曹，奉手观光，周道尽在鲁矣。华南棋会会长香山曾展鸿秉笔而记，坐观郭腾蛟（二先）陈镜堂一局。陈（先）黄松轩胜一局。潘权（先）陈镜堂二局，潘胜一局，一未完局。存谱均附诸卷末，遵吾友游泽丞、杨铁夫之言也。衍璿让刘政举一马，中局予定炮五退一一着，诸名手赞为高着。华烛高张，锦筵盛设，谬以老马祭酒其间，曾君尤致厚意。陈子告以曾到潮汕遍逢时贤，惟陈培荣为其敌手，其他趣闻甚悉。今夕予欲观而不欲弈，回车尚未二更，独坐窗前，订正诸谱，及改定本日《越华报》残局一谱，彼以十九着和局，我以十五着也（并见卷尾）。

【注释】

①诘朝：同"诘旦"。

《因树山馆日记》第七册

（1937年3月28日—5月8日）

1937年3月28日

  星期。终日霓雾，夜微雨，报载北华春雪害稼。书生而问牛喘，嫠妇不恤其纬，曰将毋同。

  校经洎午，一心以为鸿鹄将至矣。

  张御以车来，及门戛然请登，曰主人俟诸途矣，然则盍行乎。既有安车，何待接淅①。囊钱两袖，充腹市里。食近庖厨，坐杂庸保②。盈瓯精面，直才百文。扪腹未充，则请二之（《王莽传》始有啖面之文）。何以解渴，折蔗啖之。径扑弈坛，心焉好矣。列肆压仓，视若无睹。奇伎淫巧，安事此为。至则丁丁子声，大有人在。橘中二老，幕上众星。一人报棋，二竖移子。各如其行列之数，以便于堵墙之观。此中能者，闭目听之。不必当局，高下在心。予为太史，执简而书。合纵连横，依声作字。胜固欣然，败亦可喜。孰得孰失，略能辨之。分以0、1第其甲乙，后有览者，一见了然。自午达申，得局盈十。求免漏记，勿负此行。

  黄、何二子中道相招，非不欲往，适有佳局。局终，松轩面请序其所著新书《象戏春秋》。松轩，南国之善弈者也，为名所累，比亦疲于奔命矣。晡衍璠邀饭于其宅，为述所对冯敬如一和局，着着精采。刘生政举在坐，强予一局，予每下一子，衍璠辄为击节，或用科学分析法指摘之。十年之功不及一字之师，虽曰小道，已难进百尺竿头，而况乎欲闻君子之大道呼。夜何、刘导往西关晤名手鄂人罗天阳，观其残局，饶有工夫。敬如登坛，彻夜毕二局，后局尤佳，真有独到之诣者，今日所得为多矣。中夜密雨湿街（北人长言之曰"衢衢"），觅一榻易数处，乃得之，扰攘达朝，如纪文达所云"不外平上去入而已"，不如此亦不成其为广州也。予久矣不投逆旅寻宿矣，坐以好弈，皇皇③如也，展转反侧，无以自解。

【注释】

①接淅：指行色匆忙。

②庸保：旧谓受雇于人充当酒保、杂工等贱役的人。

③皇皇：同"遑遑"。

1937年4月3日

　　午约逊之车，泥泞入市，游人星希，弈坛下童子十数而已。当关者真是儿戏，每局必和，入手便以子交质，全城孤军，兵刃雍容，我不杀人，人亦莫如我可。但殊令从军记者秉笔难书矣。念此会励余三日，愿以春暇，饫闻①鼓鼙②之声，而士气萧沉，吾不欲观之矣。衍璿相迕，且约诘朝，旅梦难温，泥途多苦，归去自对一枰也。夜微不快，录谱早睡。

【注释】

① 饫闻：谓所闻已多。
② 鼓鼙：古代军中常用的乐器。

1937年4月5日

　　是日清明，大学休假四日。纷纷时节，憧憧行人，马医夏畦，出疆扫墓，作客贯①矣。

　　侵晓研朱校经，未终一卷，乌焉睐目，鸿鹄在心，念弈坛只余此二日也，遂轻装而行。……

　　翌夕力补未盈卷经课，复赓游记。加午下车东城，甚雨及之。士女东出者各手纸花楮帛，往哭于虚墓之间。时雨阴霡，助人凄悯②，粤南旧俗犹行古风。商贾在途，襆被依陇，港澳舟车，往来旁午，世方蔑古，恐区区此事，亦不再传。夷风煽方处，不暇为辛有之叹③也。径投逆馆（禺山馆），沈策安（锐）之所宿也。饭焉偕张君依时赴弈坛，至则弈人群言衍璿乡夕治馔迟予。坛下有索予一战者也，予以不愿与。又一人者偕负，此佳招矣。观黄汉、朱剑钊各三局，黄熟而稳，朱时轻敌，往往一蹶于前，百振于后，亦此中人通病。时衍璿早来相邀，谓攻坛者类无藉藉名，不足观摩。文龙酒家则今日名手所荟萃耳，但有何堪者。饱睡一日，待子而阵。何生之技，松轩亦许为三等弈手之雄者（粤以黄松轩、李庆全、冯敬如、卢辉为一等手，何衍璿寡与人对垒，其开局之分析工夫尤为独到，此道中人亦认其为一等手。下此二等手不及十人，三等手与赛及格十八人，未与赛而力相等者亦无多人），临阵不战非勇也。予习让先，若得先更不中绳度，故二局先手并让何生执之，和一胜一，何生当仁而让欤（谱附卷末）？中各有不惊不简之着，衍璿评云："今夕之棋与二等者遇尚无胜算。"其实恐尚不登谱录耳，徒读兵书，不习鼓声，久为壁上之观，难言匹夫之勇耳。

　　何宅一饭，鲁酒不薄，及夜西行，观苏钧林连败于三客，正手冯敬如后至，对潘权一局致佳。中夜二何约罗天阳（湖北一等手）谈艺小肆，曰："马二兵不胜马一兵,而马三兵胜马二兵(皆士象全)。"曰:"一炮一兵可胜单缺象。"剖析及微,多前人所未发。衍璠谈风尤健,冒雨偻登街车时,犹执子之手,有无限未发之论也。深夜投店,沈、张秉烛扫榻以待,相与言胜负之数,殆更漏尽。今日之日,穷日不足,役役为之,敢谓天下事一可为者哉。客枕听鼓,不似寺钟,破晓未温,残枰宛见。(以后以对客弈谱附卷末,观弈记及名谱为别卷)

【注释】

① 贯:古同"惯"。
② 愆:沮丧的样子。
③ 辛有之叹:同"辛有之忧"。即表示对历史变迁的一种敏锐感觉。

1937年4月7日

今日得一松轩后胜新谱,复去其应着(往复五十八着),拟射①之,费一小时之力,皆命中,其中不能谓非尔力也。深悟争先之道,一步无或稍驰,驰则可越而先之矣。然步伐不齐,粮饷塞道,尤阃②内之非人,兵家所深忌也。我车既攻,我马既同,作此诗者,其知道乎。

【注释】

① 射:循着,顺着。
② 阃:门槛,门限。

1937年4月12日

晴阴间之,南风竞,八十四度。

自朝达晡,役役课徒,甚矣惫,泪退,单衣湿矣。废然短拓,有佳谱可读,亦世间奇书也,何衍璠创为新符号记弈谱。

G(General,将),A(Adviser,士),E(Elephant,象),S(Soldier,兵),T(Tank,车),H(Horse,马),C(Cannon,炮)。

$_2C_5$(炮二平五),$_8H^7$(马八进七),$^5C_1$(炮五下一),$^7H_8$(马七退八)一行中有二子相同,则后子加点(,)标别,不加点者走前子。

用此记谱,迟速悬殊矣,今日适得不刊之谱,用此新号破例存记,向来一炮一兵不能杀士象全,鄂名手罗天扬发明可破,而秘不示人,衍璠力索之方出所藏,且声明不公诸世,其全局如下,真名作也。

江凌吴松亭先,黄岗罗天扬胜,二五一〇一三日上海天蟾棋室,公彩黎耀卿:

$_2C_5$ $_8H^7$ $_2H^3$ $_9T^8$ $_1T_2$ $_2H^3$ $_2H^6$ $_3S^1$ $_5S^1$ $_2C^1$

$_5S^1$ $_4A^5$ $_5A^4$ $^7A^1$ $_4A^1$ $_5H^6$ $_8H^9$(何云疏) $_3E^5$(密)

$_8C_6$	$_7S^1$	$^2T_4$	$_1H^7$	$_9T_8$	$_2C_6$	$_8T^4$	$_1T_4$	$_4A_5$	$_7S_6$	
$_2T^1$	$_6C^1$	$_8T_4$	$_8C_6$	$_2T^3$	$_6C^3$	$^2T_6$	$_7H^5$	$_3E^5$	$_6C_5$	
$_6C^1$	$_4T^5$	$_3H^2$	$_6C_5$	$_2H^1$	$_2S^1$	$_7S^1$	$_5C_3$	$_4C_5$	$_4T^1$	
$^1H_3$（疏）		$_5G_4$	$_5C^1$	$_4T^2$	$_2T_7$	$^3C_1$	$_5G_4$	$_3H^2$	$^7T_2$	
$_4T_3$	$_9H_7$	$_3C_7$（胜焉）		$_5C^2$	$_2H^1$	$_7H^6$	$_5C^2$	$_5C_6$		
$^1H_3$	$_6H^7$	$_5C_2$	$_5E^7$	$_7C_3$	$^7E_5$	$_1S^1$	$_1S^1$	$^6C_1$	$_5E^7$	
$_1S^1$	$_5C_9$	$_6C_1$	$_3C_9$	$_4G_5$	$_1S^1$	$_5A^6$	$_1S_2$	$_6A^5$	$_2S_3$	
$_7E^9$	$_3S_4$	$_9E_7$	$_7E_5$	$_5E_3$	$_9C_5$	$_5G_4$	$_5E^7$	$_3E^5$	$_4G^1$	
$_7E^9$	$_3E^5$	$_9E_7$	$_7E^3$	$_5E^3$	$_4G^1$	$_7E^5$	$_5G_4$	$_7E^9$	$_5C_1$	
$_9E_7$	$_4S_5$	$_5E_3$	$_5S_6$	$_3E^5$	$_5G_6$	$_7E^9$	$_5C_6$	$_4G_5$	$_6S_5$	
$_9E_7$	$_6C_5$	$_5G_6$	$_5S_4$	$_5E_3$	$_6G_5$	$_3E^5$	$_5G_4$	$_5E_3$	$_4S_3$	
$_7E^9$	$_3S^1$	$_9E_7$	$_7A^6$	$_7E^9$	$_5C_3$	$_9E_7$	$_4G^1$	$_7E^9$	$_6A^5$	

罗以屏风马应中炮开局，着着正着，而度数计及分毫，先一着不可，后一着不可，中局复精彩交映，惟第四十九着吴马一下三足践危地，十步之后一马离槽，末局遂成一炮一兵对士象全之势，自第八十着炮三平九之后至局终五十余着，且无一攻着不踏实步，合称独步，莫赞一辞。

深宵枕上倦极，万缘已空，浮生如此，屋梁落月，窗角晓星黯淡，移情依稀可数。

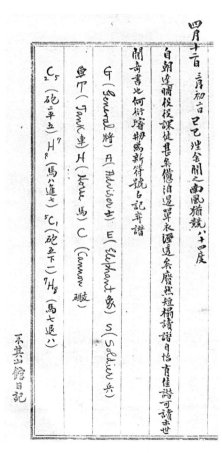

《因树山馆日记》第七册1937年4月12日（手稿节选）

1937 年 4 月 17 日

晴煦，夜闻月明崇楼，灯下未见之也。

午前鹿鹿馆课，未有自得功夫，又欲观弈西郊，官虽止而神已行。先之以玩物浸假，而为物所玩，夫是之谓丧志，固不足云玩物，然志既丧矣，而所玩之物其为术也，未必加进则甚矣，玩物亦未易言也。

当午方暑，可以安神，望眼来车，睡魔不至。日加未偕逊之行，一至张寓，即驾十八甫攀金龙茶室之楼。衍璿迟予久矣，杂观弈人对局，多曾相识，参与无猜，忽有二客宣言，以十金为博进，众趋视之，伎止此耳，去三等手尚在二先以上。开局甫过（局附《外集》中），红车窘于黑马，踟蹰不前，陈镜堂目予离席，如其阵势，忽开车陷黑炮于士角，予姑士杀其车，以觇得失，诸弈人相聚而助予，往复几二十合，终属陈胜，镜堂今之二等第一，坐者真能深入无间也。

夜八时正陈开战，卢辉对冯敬如也，南华一等手黄、李（庆全）、卢、冯四子，李已死。今夕两雄相厄①，宜众诸侯皆作壁上之观，首局卢以中炮横车迫垒，冯不改其单提马，终弱一子之力，右马受困，一百余着无伸眉之日，卒以负三兵败。次局反攻，励成和局，虽曰名手，难云无弱着也。

亥初投禺山逆旅，无下榻处，沈策安导往民生客店，即小屋安焉。有叩门者，则衍璿伉俪寻踪而至也，已西行东反十数里矣，息息相关，可为铭感，复纵谈至子刻，将尽坚约旦日高会，垫隘可安，嚣尘已不惯矣，醒寐相间，时闻叹息之声，忆少年好戏武汉间，眠食皆减，今又役役车马，亦自笑也。

【注释】

①厄：隘，狭窄。

1937 年 4 月 18 日

星期。薄阴，夜不见日。勉博早睡，加巳方起，水声淙淙，问侍者雨乎，对曰："安所得雨也。"危阁之中，不知天时如此。心念农事，一来复中，惟此一日可狩于田，今日亦为闹市氓矣。

未午践何宅，主人雅约，刘生政举、何生湛在焉，相与为此中人语也。二生习何氏学开局，并有家数，在中学界中无可敌者，或残棋工夫尚需时日也（昨日见弈手陈涛，某所称广州五虎将之一者，何湛对之常饶一先）。予自昨日微感不适，不敢身亲临行伍，何湛以医世家下药清解之，午当佳馔，不让予饮，罢饭力对一局，何以兵马开局，迫予成后中炮，中局十余着费尽全力方博平手，末局又幸而得局（存卷末，刘生所记）。

1937年4月21日

　　午衍璩来申休沐日粤秀山之约，代致黄（松轩）、罗二君西园酒弈之会，今夕两奇棋童对阵大新天台，非不欲往，一榻为艰也，其袖中香港《华字报》有周德裕南行胜陈某一局，稽其胜败，以资消暑。

　　周：炮二平五　马二上三　车一平二　车二上四　兵七上一　车二平七
　　　　炮八平七　车七平二　马八上九　车八平九

　　陈：马八上七　车九平八　兵三上一　马二上三　兵三上一　炮二下一
　　　　炮二平三　马三上二　炮八上二　兵七上一

　　至此并为官着，周接走炮七上三，兵刃已接，偶不经意，谓应以炮二平八，予曰车二上一，炮五上四，马七上八之后将如何是正着，必为炮三平二也，证以陈着而然，又复其局，而为拟着。

　　　　炮七上三　炮三平二　车八上五　兵七上一　车二平三　炮八平三
　　　　车三上三　象三上五　炮五平四　炮三平五　炮五上二　士四上五
　　　　炮七下一　车一平三　象七上五　车八平七　炮七平五　炮二上三

　　皆与所报符合，然而负者何也，谛①之陈走炮二上二耳，从此失局矣。衍璩极以予之拟着炮二上三为然。假令两无误着，总成和局，理有固然而事有不至者，其不至尔力也。其和非尔力也，凡所云云，记炮二上三一着棋耳。

【注释】

　　①谛：仔细，谛听。

1937年4月24日

　　予独西行访弈人阓中，招陈镜堂、黄汉、龙庆云觅食小肆，酒薄不醉人以为欢。庆云年甫二十四，负伎可抗一等弈手，为予口述前夕扑冯敬如弈坛，二局一和一胜，无虚子无岐步，许为名贵之局，爰笔存之《别集》，是亦倾怀相与者矣。

　　夕，文龙酒家以赵坤、冯敬如会师为号召，榜曰弈坛怪客赵坤。坤诚怪客哉？负绝伎走安南，殊域称伯，今亦老矣，衣褐不完，袖中书乃为先秦子书，怪哉客也。前日招予对局未果，今夕出其全力，运子细心，一着之差，以和一负一下台，论者惜之（局存《别集》）。何童醒武署名攻台。

1937年4月25日

夜黄松轩、罗云舫约饮西园，何醒武拜师之会也。何以十三龄童子，弈伎去松轩在一先二先之间，时人几无敌手（月来惟负于冯，一负一和），它日必与闽人吴清源分霸象、围二艺，突过前人吴兆龙、范西屏也。又慨百工众伎服膺所师，一日为师，终身为父之言，深入市井俗人之心，而不可行于士大夫之侧，侧观今日之会，委执谒师，推及师母，执弟子役，若将终身。吾侪业人师首为皓，问徒安在，惭恧而已。竟夕婆娑古榕之下，沉浸绝伎之场，陈（镜堂）、潘（勤）、何（塗泉）三名手盟师对黄二局皆和，下子皆正，无着不密（一中炮局，一进兵局）。"但无失着，和局为多"，衍璕之言夙成公理。又记何、岑二童一局，陈、潘二局（别集存）。洎夫金炬高张，玉斝纷列。钗光鬓影，开筵舞觞。见此作者，已申雅怀。溯自南来，叨逢国手。雏凤清声，老马识途。即此嘉招，不复思蜀矣。

1937年4月30日

薄阴。二儿禀来，家书来。孔一尘馈新茶。

东方既白，就车东门。如额课徒。午寻雁晴小谈，曾星笠营巢东山，不复旦夕遇矣。……

午点书。衍璕来约出市，既饭得一熟睡，遂偕衍璕登车。晡抵何宅，与刘政举对一局。可云既竭吾力，以六十余着之棋，费时九十分钟，不能不谓不慎重，然去二等手之谱似尚有间，谱存卷末，以检其进退何如。与何宅家人共饭，博得一饱，尚有高会，不思恋杯，酉三刻登文龙弈坛，见一客（曰猪肉仔）与潘炮负隅，潘以巾蒙目而应之，据云彼与黄松轩弈则下之，若盲目而战可得平手。谢侠逊尝言："盲棋应弱二先。"而炮则明盲如一，亦奇伎也，及观其后半局，着着夺先，为之击节，特存卷末，以志异才。是夕宣于众者为新手名手苏天雄攻冯敬如之台，第一局苏以二士二兵和一马一兵，第二局冯先胜，允为精到之作，如聆名剧，沁入心脾，益人神智，良非浅勘，亦特存之，以志眼福。中夜敲达夫门而假宿也。絮语清言，不知漏之将尽，友朋之乐，亦非可常得者，遂不顾朝课之钟，共剪西窗之烛。胸臆相见，块垒为消，喈喈鸡鸣，草草客梦。

1937年5月6日

有客"射中炮御河头车"开局，予语之曰"此今粤南童子皆知之常局，谁首不依谱者谁败"。其实不然：

炮二平五	马八上七	马二上三	兵三上一	车一平二	车九平八
车二上四	马二上三	兵七上一	兵三上一	车二平七	炮二下一
马八上九	炮二平一	车七平三	炮三平七	车三平二	车一平二
车九平八	车二上六	炮八平七	车二上三	炮七上七	

于是我军右空虚右邕塞，开局大败是必有故矣。第十三着循例应炮八平七，彼既变为马八上九（客实未问局），其曲在彼，我乃泥守故常，平炮捉车，大非也。应上七路兵，起七路象以观其变，令彼河车之轨横行不通，角车出路亦受抵触，先手已失，胜算可知。此亦一经论之谈也。（翌日即用此胜一局）

1937 年 5 月 7 日

晴雾相间，午八十四度，夜无风，点书良苦。……

昨日记一败着，今日易之而胜：

炮二平五	马八上七	马八上七	兵三上一	车一平二	车九平八
车二上四	马二上三	兵七上一	兵三上一	车二平七	炮二下一
马八上九	兵七上一	兵三上一	炮二平三	车七平四	炮三平七
车四上四	车一上一	车四下某	兵七上一		

以此明谱学也。

贪对数局，劝课令如常额。眠食失节，夜遂感停滞，熄灯惕之。鞍马秋风里，无人为道，眠早起迟也。

1937 年 5 月 8 日

晡张宅以车来护送西诣，直叩文龙弈坛，随约诸弈友饭于西南酒家。卢辉、黄汉、潘权、何衍璿往焉，设馔鲜美，卢健饮，共尽一斤（直五金，赏炉边一金），兴复不浅，酒间记得新句二则。今夕为怪客赵坤重战冯敬如而来也。首局冯失戎机，后局又误一着，二局具覆。赵负坛下之辱，力战苦思，殊可欣赏也。夜投达夫宿焉，则为予特辟一室，以为行宫，衾枕无缺。今以后入市，不复栖皇[①]于逆旅之间，深可感矣，睡亦极安，但不卜明朝马首耳。

【注释】

① 栖皇：亦作"栖遑"。忙碌不安，奔忙不定。

《因树山馆日记》第八册

（1937年5月13日—6月22日）

1937年5月13日

录存《畴盦坐隐集》序

天道恢恢，岂不大哉！弹棋六博，亦足解纷纷。有起于天者，有起于人者。未有万物，已有天地。天地之纷，天地自解之。天地不自解之，天地或将自趋撕灭也。既有天地，乃有万物，于是焉，天地之纷，其可解者，尽力于人，其不可解者，听命于天。至于万物之纷，有生于必然者，则群焉，以求其所以然。有生于盖然者，则常有一二不安于饱食之人，俯焉以穷其当然。由前者而言之，为社会之学术，为天体、地球之学术。由后者而言之，为超越之学术，为建设于数个假定或简单符号之学术。无时间性，无空间性，将始也简，终毕也钜。百学之中，以数学为女王。弈之为数，小数也。而在众伎之中，隐然于学术之范畴，具体而微焉。

予少非多能，略通鄙事，虽不若子云深湛之思，而永怀尼山群居之诚。入庙有每事之问，知十必合一之求。寄馆津沽时，尝语家人曰：

它年里居，资以永日者，写字与著棋二事尔。五十而游于齐，经月不入城市，枕畔长侣，弈谱而已。于晚明来国手遗局，类能倍诵之。入车造车，出门不知其合辙否也。时亦驱车历下，求诸酒肆博徒间，世衰道微，是区区者，亦不数数见。起而言者，多于卿；坐而隐者，非今世之人之所喜也。

自客岁归粤，何子衍璿相从治数之外，无日不以棋学相切磨，因以尽识东南弈人黄（松轩）、曾（展鸿）、冯（敬如）、卢（辉）、陈（镜堂）、潘（权）、谢（侠逊）、罗（天阳）诸子，最后又得龙少年（庆云）、何童子（醒武），岂惟衔杯酒，接殷勤之余欢？我车既攻，我马既同。白日西匿，炳烛继之。周旋战坛之下，揣摩帷幕之间素矣。纵未为王以前驱，亦叨从军之记者。养由基穿杨百步，华不住策马三周。其伎至此乎，可按图索骥也。武夫力而斗诸原，儒生坐而议其后。转战苦思之陈迹，举步失足之指评。或未尽入彀中，要亦存其大略。

粤中象棋前辈名最著者，由若巫之苏，胡之林（见上月《越华报》），而名局竟无一存。吾为此惧，成《畴厂坐隐集（初卷）》，藏因树山馆中。人有恒言：好事者为之也。夫子不曰"为之，犹贤乎已"乎。任初之自序云尔。

1937年5月15日

　　登文龙棋坛，今夕为黄汉对冯敬如，黄走子韧而利，尝冠粤军，予在东皋视其应战不下三十局，几无一漏着，而间二三着必有异军特出之子，洵美才也。今日第一局残局误平一兵致失一局，终以一负一和屈于老将，可为腕惜。更未阑有黄志者自荐扑台，其艺与汉伯仲，分先则负，六先则胜，艺之高下仅差一先之十分之一，忼慨①誓师，以左中炮猛扑，冯以列手炮应之，一局告和。三更已报，衍璿临岐②嘱诘朝聚丰园会黄松轩，将以共读《畴厂坐隐集》也，装已戒矣，只拜嘉意。

【注释】

①忼：同"慷"。忼慨，激昂；愤激。
②临岐：亦作"临歧"。本为面临歧路，后亦用为赠别之辞。

1937年5月21日

　　日未上春，枕上听雨，上早课时有间矣。学者阑珊①，非童蒙求我，而我求童蒙乎？大叩小鸣，撞钟者亦穷于术哉。张荫之过谈。午八十五度有奇，无风。日下春风至，卜近郊雨也。……

　　午刘生政举来，致其师何君之命，申后日北城棋酒之约，下二局去并得存录，颇自谓佳局神完故也。张作人以佳笺丐书，欣然一挥，骎骎②明季人神旨，非松禅所能梦见也。

　　夜临风味，《粤东李庆全遗局》往往十数着内不开车，一开车而大局底定，山林养望，巾扇定谋，月旦犹存，风流未沬③。

【注释】

①阑珊：形容一个兴致已失的样子
②骎骎：比喻事业进展得很快。
③沬：通"末"。

1937年5月22日

　　晨薄阴，微雨间之，年八十四度，月来可人天气也。

　　完课，偶为诸生讲板射影法，缩无穷大之点集于北极一点，真奇观也。校经。……

　　午荪簃使人来，取近半年日记四册去，云："杨铁老回省索阅也。"既束复之。

将夕附理学院公车西行，抵陈庐莫①矣。初更后上文龙棋坛，今夕为老弈手陈森抗冯敬如，分先二局皆以和成，大率无漏着也，战罢，衍璿招曾展鸿瀹②茗西南，得录陈文准先执中炮双横车破冯士角炮马局，精悍迈伦（存《外集》中）。中夜返陈宅，再偕达夫一尊，夜话击棠，四更始入寝。

【注释】

①莫：古同"暮"。

②瀹：煮。

1937年5月23日

傍午别荪侄寻星期弈会，北山之北，舍车而徒，迂回攀折，抵宝汉茶寮。何子伉俪为东道，邀及门弈侣张（宗和）、刘（政举）、何（湛）、乔梓十数辈，陈兵振旅，跃马横车，相引为东，当仁不让，户外奚止，二屦长日，惟消一枰。斯亦手谈之至娱，神交之妙谛。骈足而观，执笔而记，钩心斗角，肠已九回，拔帜周麾，肱知三折。何子有当关一夫之勇，诸君亦壁上诸侯之雄。健饭廉颇，未甘伏枥，学射尹公，何妨执弓。群推张生抽矢，夫子幸不辱命。与之周旋，诧挽弓之犹雄，及鼓音之未歇，亦得佳局，附诸外篇。时也山雨欲来，群贤毕集，壶尊桐属，裙屐无猜。阛城烟火人家，尽入使君之眼。漫山松风竹韵，来催游子之诗。风雨几番，江山如此，饱餐野味，醉卧沙场。比入山来，一轮前导，亦过一日，颇为不恶。（午萧君招饮锦江春，阻雨未能兼往。）

1937年5月24日

日中前后，急雨过山，净洗空尘，热尚不散，中夜月圆，霖霂无光。

一日尽四课，改题检籍，洎夕方休。只求者不至藐藐，虽竭吾力，实熨我心。衍璿来论弈，理益精意者，予领略所至有胜于前，故弥觉其远到乎。今日所争，要在开局，一不合法，百孔丛之，凡事或多可存侥幸，惟此小道，计力程功，偶疏于前而欲恢补于后，事虽倍之而功只收其半也。夜点经数页，自校文编，此事茫茫，中心耿耿。演草授徒一则。（略数学习题）

1937年5月27日

晴，午八十七度，夜宿广州，举头不见月。器儿自潮安禀来，家园亦喜雨也。……

衍璿晨代何生（湛）约今夕棋酒之会。午枕既足，蒲园之上难安坐矣，先驱北门何宅。衍璿夫人实纪纲之，日加申入何生之坐，主妇中馈待客周洽，是夕集者何季海、桥梓，东道之外有卢辉、何衍璿、刘政举、黄覃及客一人，虽不皆国中之善弈，要皆好弈者徒矣。卢、何让人一马仍操胜算，季海耸涌予与卢对局，曰："循例让一马也。"衍璿方弈，闻而大呼曰："黄老非三等棋手也，让二先一先之间耳。"予逊谢未遑，但与何、刘二生各对一局，坐卢于侧时请益之（弈记附后）。亥初叩陈庐，与达夫夜谭，复自订谱至四更。

1937年5月30日

北山之下，乐我樗蒲①，爰与刘生各执一方，衍璿谓我未尝执先一局，不知便非全才，试先发难，以观其变，应之曰诺。悬炮而阵，横出双车，势成犄角，策马而进，不敢后也，仅四十合，敌不成军。易河而阵，刘生先焉，至十四着方在凝思，衍璿呼曰："开局无谬，此子觇全军得失矣"。予熟视之：

炮二平五　马八上七　马二上三　兵三上一　车一平二　车九平八
马八上九　马二上三　车九上一　象三上五　车九平六　士四上五
兵三上一

之阵势，惟有兵一上一与炮八上四两着，前者可由右路杀出，后者可封左面敌车，其余之子一动即失，遂决走兵一进一。衍璿曰："黄松轩专走此着，卢辉则走炮八进四，无以易矣。"颇喜私见不殊时贤，复十数合，敌力已失。卢辉后至，已不辨谁得先手。衍璿倒移数着至十三着后之局示之，问何以加焉，卢曰："兵一进一。"何曰："子前言不然也。"曰："炮八进四亦可。"然则此着几成定论矣。末局予以国手在旁，益策立足之稳，而卢许为既稳复雄，可以抗手一代。此事弥征精力，不可力与盛年争者矣。

午馔供设特丰，主隆于情，宾雅以量，杯匕各适所适，高下自在其心。论攻守之坚利，语不离宗；衡策应之异同，言皆微中。聆一席之话，胜十年之书。嗟予晚学，幸犹好学。学此何为，诚不自知。心田思苗，灌溉多矣。衍璿传松轩言，由此西赴罗宅弈酒胜会。辞以有约，则坚欲代为解约。约可寻也，安可寒也，无已则以晚来乎，又不详罗所宅，只云："询于文龙弈人，皆能道之。"衍璿之懒记姓氏里居，已堪与予伯仲矣。

夕抵文龙弈坛下，黄汉告余罗宅待子久矣。罗宅（西关曾巷槐桂新街七号）者，罗云舫之宅也（瘦公从侄），出其先叔父淳衍尚书手泽相示，予家藏其所书楹帖可相印证。又阅其手得之伊汀州、陈曼生、刘石庵、铁保墨迹，铁之狂草未经我目，此写《春夜宴桃李园序》一首，殊得明季二王之妙，其余则多赝造耳。周厨入室，接待孔殷。席坐香坛，陈设尤韵。家馔数品，土酿一壶。主妇洁杯，子女侍食。为无町畦②，逐倾块垒。属时相过，佳榻特悬。雁影天涯，何处觅得也。衍璿言黄松轩与徒何醒武下午弈三局，何执先黄皆以单提马应之，以觇其斫垒刀法，胜一负一和一。惜不在坐，失记佳谱，然则乌从而得胜游也。夜名手刘寿彭与冯敬如对二局并和。今夕留连羊市，只为此耳，一年以来得未曾有。然神思已尔，熟视无睹，勤存弈谱，归而揣摩之，今日所得尤不赀矣（对刘二局存卷末，两日记谱存《别集》）。夜宿一得轩（达夫斋名）。

【注释】

①樗蒲：是继六博戏之后，出现于汉末的一种古代棋类游戏。博戏中用于掷采的投子最初是用樗木制成，故称樗蒲。又由于这种木制掷具系五枚一组，因此又叫五木之戏，或简称"五木"。

②町畦：喻规矩；约束。

1937年6月3日

释车二进六，昨客先一局：

炮二平五　马八上七　马二上三　兵三上一　车一平二　车九平八

车二上六

第七着车二上六在开局中饶多变化之着，予应以马二上三而支架良苦（局见卷末），退思应此着有炮二上一、马二上三、兵七上一、炮八平九四种，究以何为正着，何衍璿云"马二上三"，予取周德裕弈谱比类之。

李庆全遗局二十局中，三局皆应以炮二上一皆和。

南北名手对局二十八局中，四局应以炮二上一者二局（一和一先胜），马二上三者一局（先胜），兵七上一者一局（先胜）。

德裕对局三十局中，六局应以炮二上一者四局和三先胜一，马二上三者二局和一先胜一。

当头炮破屏风马（周德裕拟）五局中，二局应以炮二上一者一局，炮八平九者一局。

周谱专言，中炮开局之利，于其例无负局，故胜负不足为据，但即开局言之，仍以炮二上一为多，盖十之六七矣，然则第八着以炮二上一为正着。

1937年6月4日

晴，日见南风，当年八十九度，夜宿一得轩。……日加申北驱白云山，张逊之亲御至山下，感子意良厚也。山下有茶寮曰甘泉，依山跨涧，数间板屋，古木修竹之下，晴空斜日，只漏一角。山岚野绿，不碍眺。谁其榜之，隐不具名。田舍农家，属辞韵。是夕算学同人聚饮于此，袁武烈主之也，亦棋亦酒，既庄且谐。三爵之余，慨然有扬鞭中原之志，何友刘生，左之右之，直扑大新公司天台弈坛，松轩已开手应关矣。颔予上，易汉帜，且耳语曰："此客非子敌也，子意如何？"予意固未馁，而衍璿已高呼助战。客以中炮河车开阵，我以屏马埋炮应之，以轻进一马被迫入中宫，中局力取智争，残局炮一马一之外尚多三兵，亦云幸矣。局终，台下人握手以劳之。松轩诸同侣入陆园品茗，以茶当酒，重申贺悃，又取予第二局自始至终分析之，谓仅退马一着，过于示弱，此外着着殊健，所遇之客亦三等手，子今夕下子骎骎乎能手矣。自今春只今可进三先，棋不可谓非猛进也。又曰予与曾展鸿同订名谱如干集，当属曾公尽以授子矣，乃起揖而谢之曰："此黄石公之授张良兵书也。"客皆抚掌，此事本非其人不与，非其时不与，予之遇松轩也，自去春观其弈也不下数十局，然讳莫如深不我与也。肥水一战，乌衣成名，衣钵之传，方自兹始。已艾之发，犹童之心，诚以自慰复自笑也。登坛奉伎，偶一为之，而未必再为之，特记二局，以志爪泥。

大新弈坛第一局，客甲：

马二上三　兵七上一　炮二平一　炮八平七　象七上五　马八上九
车一平二　车九上一　兵七上一　车九平四　士六上五　车四上五
马八上七　炮二平五　车二上四　马二上三　马八上七　车一平二
马七上六　车二上四　兵九上一（弱）　马九上七　车二上二（疏）
马七上五　兵五上一（空）　马五上三　马六上七　炮五上三
马三下一　马七上六　炮一平六　车四上一　车九平六　车四上二
帅五平六　车二平四　帅六平五　车四平三

第二局，客乙：

炮二平五　马八上七　马二上三　兵三上一　车一平二　车九平八
车二上四　马二上三　兵七上一　兵三上一　车二平七　炮二下一（至此官步）马八上九（从此变着）　兵七上一（何云此着非其至者。松轩曰此着是也。晚客用此局，松轩实走此着）兵三上一　炮二平七　马三上四
马七上六（松轩曰应行炮八上七。何黄二友用此着析局到底）
炮五平四　炮八平七　象七上五　马六下四（何黄并曰尚可以马三上四挽救之，出以此着危矣下矣）
车九平七　马四下五（必至之着）车七上六　车八上五　兵九上一
兵一上一　马四上六　车八平二　马九上八　炮七下一（五路）
炮四上四　兵一上一　马六上八　炮七下一（三路）　车七上一
马五上三　马八上七　炮七平四（二路）　马七上九　兵一平二
炮八平七　象三上一　马九下七　炮七下一　炮四下二　马三上四
炮四平五　炮七平五　马七下九　马四上五　炮五上四　马五上三

中夜入一得轩与达夫小谈。思予下台之时，所走子一不记忆，有同当年应试出场，倦神一日，人见之曰，必问文章何以？往往瞠目不知所对甚焉者，人问出甚题而应口不出，盖利禄之路，然神思之用竭也。今夕何黄二子退而析局，一一

无漏,在弈人中为常事,史书传为覆局之神者伎止此耳。松轩于第十八着、二十二着二子之外,每着皆曰:"好,好,非二等以下弈手矣。"枕上所思者,何思过半矣。

1937年6月7日

晴。时阴,午有雨过,八十七度。

早课毕,衍璿云:"文龙茶寮闭而复开,欲以午往。"自分迩^①日以来,味弈弥甚,昨年所求于燕赵之郊者,草鞋踏破矣,今乃得之于珠涯粤峤,幸何如之,昨夕爽约,耿耿于心,乃以午冒暑入市,衍璿夫妇相之以行,方踯躅十八甫路上,晤谢少年导登曾展鸿寓楼(西关拱日车路一一三号),彝尊满室,谱牒盈箧,亦市隐之流亚也。名谱十余册,凭君取之,受其三册,已拜赐多矣。招诸子(何氏夫妇、曾、谢、吴兆平)小食龙泉,日加未矣,方博一饱,与吴兆平饮并口谈一局(不对枰)和。文龙茶寮展期三日开幕,约诸友后三日饮,遂挟书而归,手抄至夜分,可得万字,沁麦酒诵好词,至理嘉言,惬心称意,吾何求哉。

【注释】

①迩:近。

1937年6月10日

晴。间阴,午后有雨。

午毕课。公愚来索已印文篇,谈文至日昃。下午枉姚寓,托苏簃刻板印日记用纸,久不贯与市肆人谐贾矣。

晡登文龙茶楼晤衍璿,一少年谢导往曾展鸿寓楼还谱借谱,复得三册。移时晤复假以一册,读千赋者自能得之。比日曾、黄之视予者不下千局矣,失着则指摘之,佳着则乙识之,复加总评判全局之得失,读此不必为王者师,然了然于成败之数矣,左朋之饷我良多。曾君加赠予小棋子一副,精致可爱,怀中之宝也。

晚宴诸弈友西南酒家,曾展鸿、黄松轩、陈镜堂、罗云舫、何醒武、张佩侯、郭腾蛟、何衍璿夫妇、何湛、朱志沂、刘政举先后莅止,亦一时之俊也。展鸿新录予对刘生一谱,中局后十余着,着着加圈,赏其精警,松轩曰:"此一等手之局矣。"张佩侯二先败于何童子,群推何湛力与一战,童子执先,何生应之,精锐各出,殊压旁观,何生胜二兵而不得不和,论者惜之。然一年以来称臣仆于童子者,何可胜数,一和已与有荣焉。交绥之间,茶香满室,遗簪坠珥,所在多有。摘缨目眙,时亦不禁,珠履之盛,冠带之豪,秦淮水逝,珠崖月明,各有幽怀,不拘迹象耳。中有红袖猥注,青眸责渝,抱桥之盟,不如弄潮之信。亦是天涯芳草,何须求剑刻舟。只今亦柳絮之飘，何处寻桃叶之渡。翻羹休怒，覆酒无猜，略资缠头，报以颜色耳。席间宴谈，不辱肴馔，飞觞引爵，尤极流连。可为霸棋酒之坛，尽东南之美者矣。局既阑，瀹茶于罗云舫佛坛之下，朱志沂与何醒武坐对一局，谨而后和。主人送客留髡，曾、黄、陈三健者弈兴未阑，陈镜堂执先与松轩而战，一负一和（是日凡得六局，并存《外集》）。虽醉欲眠，佳谱难得，记竟已过夜分，主人陈杯匕，比就寝四更可数也。枕上闻诵经声，莫之忏悔焉耳矣（是日付酒资三十三金外加四金）。

1937年6月14日

晴，晚雨尚凉。束马隽卿、陈达夫。

终日抄谱，得二万字，沉痼①已自甘之。衍璿来传言，诸弈人指予伎在一二等之间。则又安敢承也。招同过市，仍谢不行。尽日趱抄，归而求之，谱以还人，书必自写。夜分又毕一册，倾尊中所有，独酌无亲，遂悠然有从游之意，枕上雨声乱之。

【注释】

①沉痼：用以比喻积久难改的陋习积弊。

1937年6月15日

晴。竟日抄谱。

1937年6月16日

晴。竟日抄谱。

1937年6月20日

晴。

达夕抄谱，竟得五册，苏簃又为抄一册。未读千赋，已校千谱，山馆所藏又添奇书一集矣。

前年闻南海马海洲言："海内藏谱最多者以扬州张锦荣为第一人，名手对局要在千谱以上。"后得平阳谢侠逊复书所言同之，然无从传写也。兹所得于黄、曾者虽未窥全豹，而已非片鳞，六册之中，谱可五百，东南名作，此焉渊丛。曾子以一手之烈，累十年之功，移写剔评，必详必中，所为评语，庄谐俱妙，书法亦得

《争坐位》神髓。泂南国之畸①人，弈学之功臣矣。谱中所载以黄松轩为特多，胜局十之六七，和与负者十之二三，尤世人不得共见者也。松轩中炮之利，无坚不摧，人以此攻之，彼已尽知情伪，守御知方，人有丝毫之疏，彼立起而批瑕抉隙，抢子夺局之妙，疑有神助。惟阳刚之美，难备阴柔，所负者半在马兵之局，人以马八上七开锋，后手既未便中炮，势必以马兵局应之，飞象开转角马以便速出一车，由三七路夺兵而临河，人有以知甚然也，则先发以制之，往往马未转角先压象心，虽车之前，不及马足。其具阴柔坚韧之长者，粤东一隅大有人在，冯（敬如）、黄（志）、赵（坤）、彭（鲲）皆其选也；陈（镜）、黄（汉）二手最为后劲，内功有余，外疆稍逊；龙（庆云）、何（醒武）二年少并皆隽才，它日或可臻化境，此事固借功力，亦赖天资。东官年仅十一，香港江敦彦才满十龄，并能抗手名流，动止有法，一时之俊，众口所欣。尤为可贵者，香山曾子，秉史狐之笔，著知几之言，绎载车尘，追踪马迹，身负绝技，而不与人校短长，笔大如椽②而不夸世，以议论自存，惇史已成绝书。就中"弃马陷车"诸变局，穷原竟委，回出前贤，橘中之秘于斯欲尽，即如各谱之间，时或不著片词，但附标点，而得失之旨，粲然已具。善读者得其只语，可悟全牛，而善和千卷，未必皆遇传人，郑志八篇，须待弟子，所谓痛知音之难遇，伤门之莫逮，古今同慨，兹事其小者耳。逆旅相逢，久要已订，尽举相授，旷代之遭，读此未必为王者师，要已是举世不传之宝，吾之致力未知何以然，异日读吾之记谱者，恐尚悠悠乎？未知有其人焉否也？借书一瓶，还书一瓶，几上经旬，神交千古，先记崖略，掬而归之。

【注释】

①畸：古同"奇"。

②笔大如椽：比喻记录大事的手笔，也比喻笔力雄健的文辞。

1937年6月21日

申时出谷，逊之特以车送至北山，甘泉茶舍。修竹千竿，萧森幽挺。废池半亩，梗断萍飘。假坐一隅，汲泉盈勺。苔青石古，偶坐弥幽。移时畴人子弟刘俊贤、袁武烈六七子接踵而来，陈达夫闻讯亦至。何子夫妇携双酒契一筐，香色双清，曰为子寿，盘飧既戒，笑语交加，已惯天涯，益感高义。酒酣复偕衍璿西寻诸弈人，遇何醒武于途，导入联益公司晤罗云舫，则闻曾展鸿有香港之行，托醒武还以弈谱，尚有数册，不可急得，遂与刘政举对一局，醒武对一局，附卷末。夜分叩陈庐，达夫复起而谈至夜深，夜凉睡好。

1937年6月22日

是日夏至节。晴阴小雨，夜有月。阅试卷。

衍璿昨日约以今日夏至节食狗肉荔枝湾，且约黄、卢二国手会弈。逾午趱车而行，小憩姚宅，荪簃甚关心秋后事，人生本同传舍，何足道哉。小憩旋别去，以刘生有约，鹄待东门也。易十三路车过松轩新宅，何夫人特来相邀，又西行五六里，不知所往，登一小店"新远来"，得见名局，不消踏破铁鞋，殊以为幸，所见者苏天雄对卢辉一局，苏先胜，又对黄松轩二局，一和一负。晚酌与罗云舫、卢辉饮土酒极欢。夜转联益公司（西关珠玑路，电话一四〇一八），合何醒武对联军一局，又黄、卢让一马对醒武一局胜，黄让冯敬如先，二局一负一胜。坐间罗云舫出所拟《粤东象棋会会章》招同发起，并命《小启》以张之。愧非倚马可待之才，又畏藩溷十年之苦。援笔成数百言，完却一桩人事而已，本不存稿，无事录副，但记二联云："何渠不若汉，佗王之冠剑犹存；衣锦归故乡，买臣之通侯未晚。""五千君子久著大国之风；六一先生不废弹棋小道。"稿成神倦，凭几而卧，有风穆然，被襟当之。黄、冯方苦斗矣，闻二局俱佳，予已命何童子倍记之，不然则不敢掩几假寐，坐失名局于交臂也。四更方叩一得轩，悄然入梦。

《因树山馆日记》第九册

（1937年8月7—11日）

1937年8月7日

　　晡时主于有信庄，既饭，蔡际云导往文武庙街孔圣会，观港澳二阜赛棋，各出弈手三，以三夕轮战各二局，港麦绍文澳邹青，一者已艾，号称两雄，今更相尼，要皆徐麦童外二等下之手，邹负首局，自失一车，真非小失（谱存《外集》）。次局先而和，免得上手和耳。夜窨于蟹，席地乃安。（港代表麦绍文、江镐垣、陈德沛；澳门邹青、徐耀、梁兆光。港卒得二十二分，澳门一十四分，港胜。）

1937年8月10日

　　炮二平六应着以炮八平五为正而不记其后，以所拟者示文雄，则不谓然。归求诸《梅花谱》得五局焉，节录如下，信哉创局之难也（息陬王安寨再越所著，康熙时人）。

当门炮破过宫炮五局：
破过宫炮及车去卒后左移取马着法（八变）。
破过宫炮及左炮右移取马着法（十五变）。
破过宫炮移中着法（十变）。
破过宫炮及右炮前进平车着法（十九变）。
破过宫炮及车取七路红卒着法（二十变）。
前四局红车皆车六进四，末局车二进六，存其正变一局：

炮二平六（红）　炮八平五（黑）　马二上三　马八上七
车一平二　车九上一　车二上六　车九平四　士六上五　马二上三
车二平三　兵五上一　兵三上一　马三上五　马三上四　炮二上一
马四上五　马七上五　炮六平二　兵五上一　兵五上一　马五上四
车三上三　炮二上六　车九平八　马四上三　相七上五　马三上二
炮二上七　车一上二

1937 年 8 月 11 日

　　藏谱逾千，无炮二平六者，惟王一鸣先对黄松轩一局而已（丁丑元月三十日大新弈坛，并见三月廿四日《越华报》），滋可贵也，亦以证予言不谬，复录存之。

炮二平六　炮八平五　马二上三　马八上七　马八上九　车九平八
炮八平七　马二上三　车九平八　车一平二　车八上六　兵五上一
相三上五　兵五上一　兵五上一　车八上五　士四上五　车八平五
炮六上一　炮二平一　车八平七　车二上七　炮七平六　马三上五
车一平四　车五上三　相七上五　炮五上五　士五上四　车二平四
炮六平五　炮一平五　炮五上四　炮五下五　士六上五　车四平一
帅五平六　马五上四

　　予有评云：不是输着是输局，过宫炮太旧式矣。复于《越华报》见曾（展鸿）评云："王用过宫炮本有自碍马足之患，故黄即用中炮攻之，深知其中防力薄也，车八平五杀卒已占尽优势，而王更行车一平四自困之着以就之，于是进车去象而杀局已成，夺相平炮兑炮翻炮照将着法爽利之极"云云，尤道得真际。

　　又《畴盦坐隐·外集》三十二页有何衍璿对人补炮八平四一局可以为法，其开局为：

兵三上一　马二上三　马二上三　马八上九　炮八平四　兵三上一
马三上四　炮八平六　炮四平五（失先）　车九平八（得先）

　　予评之曰：此可为杀过宫炮前河头马之正法。可易其着法为：

炮二平六　马八上七　兵七上一　马二上一　马八上七　兵七上一
马七上六　炮二平四

　　如此则红炮平避已失一先，直翻换炮更失二先，以炮二平六开局者遂成落伍之着。

《因树山馆日记》第十册

（1937年9月23日—11月20日）

1937年9月23日

曾展鸿云"破单提马有二法，一为边炮进七路或三路兵，乘其空虚从侧进袭，此李庆全所习用者。一为马前进卒，双马炮兵从中进攻，两车夹辅推进，此黄松轩所习用者。皆有胜券可操"云云。知兵之言也，兹从曾、黄传授千谱中择录二谱以实曾氏之言，资人取法焉。

李庆全先胜冯泽：

炮二平五	马二上三	马二上三	马八上九	兵七上一	相三上五
马八上七	士四上五	炮八平九	炮二上四	马七上六	车一平四
马六上五	车四上三	车九平八	炮二平七	兵五上一	兵三上一
车八上三	炮七下一	马三上五	马三上五	兵五上一	马五下七
马五上三	兵三上一	兵五平六	车四下三	车一平二	兵七上一
马三上五	车九上一	车二上七	马七上六	炮九上四	兵三平四
马五上六	车四上二	车八上六	车四下一	炮九上三	马六上五
车二下一	（见《甲集》十四页）

黄松轩先胜冯敬如：

炮二平五	马二上三	马二上三	马八上九	车一平二	车九平八
马八上七	相三上五	炮八平九	兵三上一	车九平八	炮二平一
兵五上一	士四上五	兵五上一	兵五上一	马七上五	炮八上四
炮五上三	车八上四	车八上七	车八平五	车二上三	马三下四
炮九平五	车五平九	兵一上一	车九上一	马五上四	车九平六
马四上六	车一上一	车八平九	车一平四	车二上一	车六下二
马六下五	（见《乙集》四十四页）

港报复来，夜于院东偏灯下阅之。蔡际云附寄《大红马局》一册，此局乃光绪间四川名手脱胎旧谱"大双马"[①]者，《华字报》征求着法，以黄汉秋、陈兆祥所拟者为善，上月在曾氏汇谱中尝见之，以颇繁重，未之录也，今见单行印本，费我一角之金而已，原局（红先胜）：

红子：帅五一　车一四　马二四　炮九四　卒七九

黑子：帅四一　马六二　马六三　车四九　车八十　兵七八

黄着法：

车一上六	马六下八	车一平二	马六下七	马二上四	炮六下三
车二下九	车四下三	兵七上一	帅四上一	马四上五	帅四平五
炮九平五	车四平五	马五上七	帅五平四	车二上九	马七上五
炮五下二

十九着为官着，下分五局数十小变。又十九着前变法亦分三局论之。陈着法则总分为三十六变，仅一残局裒然蔚成一卷，益人神智，不出户庭之一道也。

【注释】

①"大双马"：是一局历史悠久的象棋残局。"黑双马"这个摆法（也包括红车、黑车的特定位置），衍生出一系列的象棋残局，名曰"双马同槽"类（也叫"红马"类）。

1937年10月13日

终夕攻谱，不谓此为玩物也。谢侠逊论（《新编象棋谱》）起局有十种，去其对称实得五种，即炮二平五、炮二平六、兵三进一、马二进三、象三进五，所论应着有未谛处，别賸予说于此。

应炮二平五以马八上七者曰屏风马，以马二上三者曰单提马，以炮二平五者曰顺手炮①，以炮八平五者曰列手炮。名手对局用屏风马者十之六，用单提马者十之二三，用中炮应者不及十之一二，其得失即此可睹矣。两雄相遇，后手中炮者多无宁日，所谓作茧自缚也。

应炮二平六者只有炮八平五一种，《橘中秘》有五局，何衍璿用马八进七后补士角炮破之。

应兵三进一最多用兵三上一者以观其变也，用马二进三或马八进七者欲以马兵局应之而未定也，用象三上五或象七上五者决用马兵局也，用炮二平五或炮八平五者以中炮应之也。名手对局用兵三进一者最多，上马次之，上象又次之，平炮见亦罕矣。此外尚有炮二平七、炮八平七、兵七上一三种。

应马二进三者，（甲）兵七进一，兵三上一；（乙）马二进三，马八进七；（丙）象三进五，象七进五；（丁）炮二平五，炮八平五凡八种。弈手应着多寡之数大约如上次序。此外自有炮二平七、炮八平七二种。

应象三进五只有炮八平五一种，进中兵上九路横车于六路图塞象田。

开局五种之外，（甲）炮二平四应以炮二进七继以炮八平五取中兵。（乙）炮二平七应以平炮使之上马上先。（丁）炮二进二等皆成落伍之局，不足深论。此五种之中用头炮者十之六七，进兵进马十之二三，余亦罕矣。余抄曾、黄传授名谱几及千，而以炮二平六或象三进五者仅各一局而已。

末论兵三上一用炮二平七者谢侠逊特多，且自矜独得之秘，期诸它日再著书。然观其对局，多不得手，车马双炮四子局于一隅，又下粤城见其局十余枰不敢出此，何衍璿有法破之（容记之）。

又用兵七进一者《周德裕开局二十局》之一，此法传之，自古着法飘忽。

又用炮八平七者谢氏已论之，谓难点有二：（一）敌兵三进一后再用炮二平五，则必马二进三，马二进三、马三进四我头兵遂不保；（二）炮八平七自塞马八进七之路。云黄松轩期我多下开局工夫，月来打谱数百，中局以后十拟着辄中七八，而开局拟着出入不定，则亦予衰未必更进也。

记此则以验进退。

【注释】

①顺手炮：象棋术语。一种开局着法。简称"顺炮"。双方都走同一方向的中炮（炮二平五、炮八平五或炮八平五、炮二平五），故名。

1937年10月18日

二更校谱，见窦国柱、周德裕对局三，窦皆执先而周负一，胜一，和一。记其中局以前各着而比较之：

窦先周负：

炮二平五	马八上七	马四上三	车九平八	车一平二	马二上三
兵七上一	兵七上一	马八上七	象三上五	车四平六	马七上六
车二下二	士四上五	炮八上三	马六上七	炮五平六	炮八上二
马七上六	兵三上一	兵七上一	马三上三	兵七平八（得一渡河兵）

窦先周胜：

炮二平五	马八上七	马二上三	车九平八	兵七上一	兵七上一
马八上七	马二上三	车一平二	象三上五	车二上六	马七上六
车二下二	士四上五	炮八上三	车一平四	兵七上一	兵七上一
车二平三	马六下八	车三上二	兵三上一	炮八上一	车四上三
车三平二	车四平二（得先）	象七上九

窦先周和：

炮二平五	马八上七	马二上三	车九平八	兵七上一	兵七上一
马八上七	马二上三	车一平二	炮八上三	车九上一	象三上五
炮八上二	炮八下二（输一着，极力守和）

扬州名手策名华东，乙亥端午并莅香港孔圣会，与南州士庶相周旋，一子之下可存口碑，曾子弈录，尤征惇史，此三局今存《名谱戊集》。黄松轩于第四着以走兵三进一为常，周德裕则以走车九平八为常，故生兵七上一、兵七上一两着先手，炮八进三是飘险之着，应以马六进七原不失先，而第一局先手遂卒赢一渡河

兵。周于第二局前十五着俱同，十六着改为车一平四，搏斗十余着至车四平二夺得先手创造破中炮先进七路兵之局。第三局却于先手车一平二之后先争炮八进三一着迨先手，亦炮八进二乃不能不炮八退二输一着棋，极力奋争得成和局，已非国手不办，在今代力战之下智勇兼施，无可侥幸也。

1937年10月23日

雾煦如月令。

早坐斋头树根补史深。洎午未竟。凝尘满席矣，杂记二三则而饭焉。……

周德裕开局二十局图系（任初作，局见《畴盦坐隐》八集）：

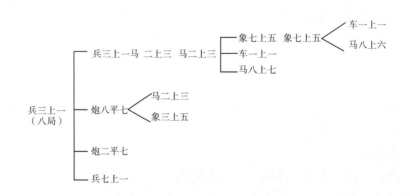

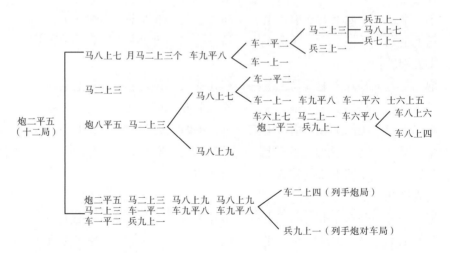

1937年11月3日

晴霭，不类初冬，分犹有余热。

毕课后即须沐澡更衣，执笔作记传。

何衍璠电话来约正午茗集陶陶居，不审西关何处，旋念阔契五月，萍散难逢，乃挈校役往就之。比至斯楼，未午，访罗云舫、何醒武于曾巷，不晤，徘徊道左，衍璠偕卢辉茌止，为述诸弈友从迹，适齐适楚，曹部几空矣。既饭，共之集贤居（清平路八十一号），曾展鸿经之营之，以待四方弈者，聘卢辉、苏天雄、黄汉主坛、室中罗列弈谱至备，大可共消磨也（假得一册归）。予赠公彩一金，邀赵坤、卢辉抢魁，赵先手用弃马陷车局，至二十五着炮七上二常谱应以车一平三，卢改为炮八平九尚待后命，乃二十七着赵仍以炮七上二，而卢更应以车一平二，赵立行车三平七，局遂告终，不图一等名手千虑一失而至于此，孤负予之一金者甚矣。衍璠避地（西南大园梁家祠），约改日下乡而别。

途中警报以红旗绿旗，无法料理，听车之所之，行乎所不得不行，止乎所不得不止，亦安然入石牌村。夜抄局，对局本求娱心，反致劳神，一夕数起，心血不敷如此。

早晤姚万年久谈。闻客传古公愚换胡汉民联云：
"苍海望尽千行泪；晚岁神交一卷诗。"
近人已寡能及之。

1937 年 11 月 11 日

晴。
毕课校谱。

1937 年 11 月 12 日

晴。
毕课校谱。

1937 年 11 月 13 日

午趋文学院毕骈文二课。蔡亲家要于校门（托领三月来薪束），然衍璠已有约矣，强之同往明兴号（仁济街南约七号）饭焉，有酒盈尊，少饮辄止，衍璠口述近局，别录《畴盦坐隐》集中，又述黄松轩亟欲相见，未能即往，既饭，同登添男楼观弈，赵坤对苏秀泉一局尚佳，于闲步时掠一边兵突篱渐进，结局实利赖之。未晡东归，自有佳谱，可共风月。

1937 年 11 月 15 日

  热至八十七度。抄谱。发家书。荪簃柬来文词隽美。

1937 年 11 月 16 日

  是日热如伏天，午前后并有课，身为形役，不废校谱之勤。

1937 年 11 月 17 日

  晴。毕课治谱学。夜招舍人较猎。

1937 年 11 月 18 日

  晴。课谱。

1937 年 11 月 19 日

  是日抄曾、黄传授名谱成，费我二旬之役矣，计为《癸集》《子集》《丑集》凡三册，中分：

  （一）《谢侠逊弈集》一卷。丙子春谢氏南来，与粤名手对局三十局。

  （二）《两广棋赛》一卷（丙子）。

  （三）《越华鼎赛》一卷。

  （四）《黄松轩对局》一卷。

  （五）《犹贤室主对局》一卷（十八卷）。室主不知何许人，曾展鸿善评弈，谈言微中，善善从长，而有未见超凡入圣者之语，此卷各局时有神着，当代巨手莫之敢先，我意"犹贤室主"云云，曾氏托词耳，世有此人，我辈能不相识乎。

  （六）《盲棋对局》一卷。其中以潘炮、潘权为健者，闻邓飞亦善此，何粤人之多材也？

  （七）《其余名手对局》为一卷。

  （八）《曾氏残局分析法》为一卷（三十余局）。

  （九）《长安旧客枰楸新谱》一卷，凡残局百局。长客、旧客、老当亦曾氏别号，闻残局专门得之邱秉椷之助为多。

语云："操千曲者自能知声，读千赋者自能得之。"吾兹所得，居然千谱以上矣，其有所进乎？否乎，吾斯之未能信。

1937年11月20日

晴。

例赴旧贡院课文学之徒，为时尚早，过姚万年宅投一刺，入天文台晤理学院诸同寅。钟声催人，大叩小叩，登斯堂者，以学文来者渐多，斯且有屏足倚门听先生高诵者。天之未丧斯文也，何幸如之。

衍璿走使代李酒仙（翼纯）约午饮飞龙之楼。比来臂痛已差，酒兴健在，雇小车长堤一面镜潭，即鹿鹿①应之，罢饮经月，浊酒亦醇，三爵之后，不可言战，衍璿导往何季海医室假床假卧。既醒与主人对一局，得一极妙之和局（附入《坐隐》集）。

晡约季海、乔梓及何、卢（辉）四友买醉西南酒家。天涯何处无芳草，去年今日此门中，惝怅②落花，杯盘潦草而已。衍璿力持予少饮，虑予不能当局，予诚何心哉。

夜赁亚洲酒店五楼窟室，以电话黄松轩来会，部署未定，已有刺谒者，眼花不辨刺上姓名，但似有十万山人字样，适从何来，于此俱弈侣，诸公之兴亦易败也，何湛君已解意，婉谢之。于是局面星列，羽戟遥临，何湛先对何衍璿一局和，卢辉对黄任初分先二局俱胜，黄松轩对卢辉分先二局俱和，谱俱存。十年读书不如一夕对手，虽以庸暗③，所获滋多，子亦有异闻乎，曰有诸对炮二平六开局者以兵三上一，对象三进五开局者以兵一进一，按诸橘梅两谱成法，皆用炮八平五更有进矣。夜深连榻而睡，抵掌而谈，不知世间理乱，平添几许。

【注释】
①鹿鹿：车轮转动声。引申谓奔走于道途。
②惝怅：惆怅。形容人失意时感伤惆怅的情绪。
③庸暗：庸下愚昧。亦用作自谦之词。

《因树山馆日记》第十一册
（1937 年 12 月 10 日—1938 年 2 月 25 日）

1937 年 12 月 10 日

　　晴暖，出香港夜宿有信港庄。……
　　未晡抵步，既飧。蔡际云、曾广扬导往庆云茶楼。斯楼香港弈人之所聚也，至则冯敬如、方绍钦、苏天雄、吴兆平四坛主在焉。方，鄂人，未识，余子相与周旋旧矣，别来亦复数月，各以薄伎逃命海濒，不意俱全，如叨天幸。曾展鸿、谢侠逊及港中好弈者咸在焉，天涯侘傺，吾非斯人之徒与而谁与哉。记二客弈谱未终（吴兆平对林中暖），谢、冯二大将汝戈我予，已不获命，乃舍而往记之。曾子代完未竟之谱，并订明日东山酒店棋会，谓有谢、周（德裕）、江（皓垣）、陈（吉初），港手大略在是也。夜归有信，谈至四更，似闻秦淮河上苍战中矣。

　　【注释】
　　①侘傺：形容失意的样子。少数版本中，用"佗傺"，意思相同。

1937 年 12 月 11 日

　　晴。
　　早记数字并作家书，柬黄峻六，柬荃諼①。蔡秋农闻讯来晤，未面。
　　日加申寻东山弈会，会者九人，曾展鸿指予共任纪录，余子轮回而战。谢侠逊意欲同时对弈五六人。亦云勇矣，然莫之应也。是会谢对梁茂光和一局，对江皓垣、林中暖、黄启康、郑华萍、余亦清俱胜，先手后手以筹决之。主人陈吉初老而好弈，自云年五十始从曾氏学此，今六年矣，谢让一马而负，是可为晚学者壮气也。谢是日得先手时多用马兵局，华东棋人多习此，华南则中炮为盛，彼固知之稔矣。观对六局约六小时，可云无一失步，而每下一子必周详审顾，无不经心之着，可见天下事无可以轻心御之者。彼对予云："梅谱两谱五尺皆知，《竹香斋》谱则致力者寡矣。"彼于竹香，寝馈其中，稍高一着实由此悟入，然则今闻此言未为晚矣。夕主人留膳，夜归。

　　【注释】
　　①张荃，字荪簃，日记原文笔误为"荃諼"。

1937年12月12日

　　昨夜曾子授予手记《名谱》，则夏六以后战史成备焉。就中以谢侠逊、周德裕对局为特多，曾子待客亦往往存其一二，走遍天涯无觅处，得来全不费工夫，以此言喜，喜可知也。达夕抄之得十六纸（二十六局）。宵又往茶居记谢、冯二名手之局，曾子随处告予得失深处，均记入《坐隐》集中。归必宵半，重劳启关者。

1937年12月15日

　　霁。
　　晨草寄内子一书，道旅况之佳。柬何衍璿（广州）。今日港报有言"军五万南侵"者，借问多关何处是，烟浓不见使人愁，四时行焉，天何言哉。
　　族孙文雄传抄《周德裕开局二十四种》，云："人以十二金求得之者。"予前已得其二十局录存《畴盦坐隐》集中，比而核之，多不相类，偶有类者，前仅十五六着而上，此则三十余步而后止，直不百步耳。要自可贵也，亦录存之，存《香港观弈记》中，盖连夕所得益以曾子传抄者不劣，百局不止，慰情胜无矣。
　　夕往庆云楼，谢侠逊宣言呼周德裕来饶一先及二先，悬彩十金，凡四局。微闻人言，先生之志则大矣。予诘以应兵三上一有炮二平七之开局法恐非良策，彼笑言我辈所操者术耳，知无不言则成学矣。予亦无言，记其弈着，亦自得之。

1937年12月18日

　　夜乃观弈庆云楼，是为冯、谢两军城濮之战矣，鏖兵八日，夺帜澈宵，最后一局几三百合（冯先马炮兵士象全胜谢马炮士象全，二百五十九着），战士连苦，壁上皆噤不敢声。

1937年12月19日

　　晴。温度稍降六十八度，只堪夹衣。
　　达日校记从军日记，成《观弈记》一卷。尤以冯、谢对局为最惬心，计冯先二十四局和八，谢胜者五，冯胜者九，谢之力不及一先也。而敢于饶先者，开局诚有过冯处。中局谢胆大，残局冯心细。后十余局无在百余着以下者，知彼知己，十战五和，幸而可胜，其差甚微，并于无可胜之中，无可和之道以求和，以弈理而言，理当如此，观者多懵，辄咻以和，尺寸相持，多不欲观之矣。惟予与曾子澄怀①观变，一子不漏，两雄相厄，目睹之机也。谢此行往菲律宾群岛卖弈，借冯为切摩之，错求成百练之金钢，其言嘹嘹②，然其志未尝不可嘉，予以偷活生涯，采撷百花，成兹一帙，聊且得意云尔。甫脱稿，曾展鸿远道过访（住九龙城南道三十八号二楼），见而善之，空谷之中，鸡鸣喈喈，喜可知矣。稿为怀去，托以磨勘，将备它日视松轩、衍瑢诸道友也。复按曾子传抄谱中有月之上浣，冯先对谢六局胜，三和之，谢既饶先，又概应以中炮，弥见后手中攻之难，及予亲见则多改用屏风马矣。

夜以曾子有约，见于茶居，栉风而后，匪风下泉，左右言它，无可顾者（方绍钦约弈）。今夕归稍早，乡谈消夜。

【注释】
①澄怀：有清心、静心等释义。
②嘹嘹：形容志大而言夸。

1937年12月20日

曾展鸿昨见所录《周德裕开局二十四种》，云："曾与松轩共订此事，得四十八局。"夕晤冯敬如，云："录存佳局甚多，并在省城，异日当尽以相示。"即晚见吴兆平负于一少年（叶荣光）一局（别存《观弈记》中），先手用兵三进一，吴应着尚无大谬，推其所本，则应以炮八平七一着，已非正着，周氏前开局二十种有此一局，新二十四种中不入此局，其亦有所见乎。

1937年12月21日

夜展鸿约见于弈坛，至则汉阳高手方绍钦先在焉，因为文记之。

记弈工语，曰："观子所为好谈名理者也，请为子语之，弈之为伎，自具至理。车也，炮也，兵也，其动也直；马也，士也，象也，其动也曲。直者刚强，曲者柔韧。直而强，则具阳刚之德；曲而韧，则具阴柔之德。大之可以通万物之变，小之亦以达寸心之妙。而人之赋质，各有所偏，偏于刚者，善用直攻，畸于柔者，专以曲取。冲坚陷锐，刚者莫当，冷箭横矛，柔者莫测。然而刚与柔之相生，犹乎奇与耦之互用。仅有车炮，迹象易明，但使马兵迂回受制，自来名手靡不兼施，而兼长者何其少也。粤南之黄，善车炮兵；垂老之冯，则车马卒。孤弦不响，片薪不燃，弦外之音，薪间之焰，如自指出，适从何来，以是思之，罕譬而喻。况乎大音无声，大象无形①，所可言者，已落恒蹊，若夫步伐之不可失，众皆知之，车炮之失，挽救已难，曲子一失，则输三步，尤宜慎之又慎也。上溯先达，早肇厥端，下睨群贤，不无较进，苟谓所造，已臻极顶，虑于弈理，未悟其全，敢更借着，不烦更仆可乎。凡夫弈之所求，志在夺帅，士象全者，少须三子，一子之进，不左则右，方面有三，三三者九，三九廿七，悉尽其变，利弊始明，为问何人，寸晷之间，洞廿七变，乃下一子，十步之内，庸或庶几，则以前规，斑斑可考，中局以往，局蹐跬步，偶有远计，陷阱已成，未可一概论之。鄂人有诨号'混一天'者垂九十矣，嗜弈不倦，予与罗天阳从之，学亦具体而微耳。闻子述理称善，愿为十日之谈也。"

是夕观弈，年大者不如年少者，然则吾侪津津，谈理又安用之。展鸿旋来，出报尻《周德裕挑战黄松轩战书》（五日十局，局二十金，并卖券充救国公债），令携归示松轩，且约之同来避地。予默察南中危局，或尚不在旬日之间，思以来去，一返横舍，收拾读本，寄诸万年乃及早。

【注释】

①大音无声，大象无形：见"大音希声，大象无形"。比喻越是大的成就往往越穿透悠远，越是大气度的往往越包容万物。

1937年12月26日

夜观弈，晤曾展鸿、方绍钦。

再记弈工语，曰："一子可行之步，纵九横九，九九八十一。一局走子之变化，亦不出八十一之数。历观名手对局，其皆不失步，始终走正着者，一局之终，大率七八十步，少于此者，必其有误着者也。溢于此者必残局，各不及三子也（指杀敌之子而言，如车马炮与兵）。明弈之理，须明孰为战线，孰为守线，我为第二横线第四横线，为我必当死守之线，即为敌必当力攻之线。一路三路五路之要而险，人尽知之。二路四路之更要而少险，人多忽之。由今之道，准古之法，力争死守，以此为上。屏风马局善以二炮守第三横线，最下成算可操和局。又屏风马中局以前守御为优，而进攻较弱，多得和局，其味略短，学之稍易。单提马中局以前守御不若屏风马，而利在后半局，能者借以决胜，其味弥永，学之稍难，以先后更不堪错一步，错则补救愈难也。闻者曰：'善哉，子之说理也，进乎伎矣。'"

1938年2月20日

夜与刘生攀庆云楼观弈，诸弈人欣然道故，目予为风流棋王，不知何故。又有告予钟珍行与周德裕比弈，博资充救国军实。移时而钟至，衣履不完，须眉如戟，怀斯绝伎，真不敢复相天下士矣。所见棋人类多边幅不修，及与纳交必信必果，硁硁①然不若今之从政者，畸人如须别立一传，谁能限以品类也哉。因呼酒市饼与若辈共饱之，居然得少佳趣。

【注释】

①硁硁：形容浅薄固执。《论语·子路》："言必信，行必果，硁硁然小人哉！"

1938年1月6日

方夕，里中子弟导游村落，山童民朴，水曲人慧，景纯之术，往往奇验。予性好野游，遇异乡景物，尤徘徊不能即去，何也？以见日无多也。况以今夕席上，重邀劲敌，伏枥老骥，力杖出山，有述其身世者曰："此马以弈起其家，托弈为生，寓博于弈，里有倾人产博负者，今矍铄度老，不轻与人弈矣。"比抵坐，已有一老在焉，皓齿修髯，见即以是请，主人马豹南见其二子之下，亦相劝助欢，半世薄名，当筵小技，是亦军中无以为乐，请以剑舞者类也。人有宿誉，击之不祥，然迫人亦已甚矣，举手应之，以示王亦能军也。开局如下：

马二上三　兵三上一　马八上九　马二上三　炮二平一　马八上七

车一平二　车九平八　炮八平六　马三上二　车二上四　象三上五

象三上五　士四上五　兵九上一　车一平四　士六上五　炮八平九

车二平四　车八上七　炮一下一　炮九上四　车四平一　炮九上一

马三下二　炮九平五　象七上五　车八上二　炮一上四

马七上九（不如车八下三）　车一上二　炮二上一　车一下二

车八下五　车二平五　车八平五（按此老自云字半农）

负隅相抗，释甲言和，聊慰群情，点缀吾记已耳。夜肴馔特丰，酒亦醇美，坐无善饮，感东道情重，饮兴独高，尔乃眉轩，席次袂耸，筵上举杯邀月，启颊生风。笑美人于平原，骋驴背于华阴。为留去后谈柄之资，亦有生来求声之乐。二更穿水巷息可园，环而攻之矣，然而不为所胜者，酒力似尚有余也，最后一局，以贪致疏爱丧其炮，不甘以一负局结束此行，刻意求和，乃大费吾力矣。后半局尚可追记也（别存）。夜阑客多不散，高谈未已，鬼话转清，脉脉归车，漫漫密如日。

1938年2月22日

午少休明兴，衍璿走来相见，名手卢辉与之俱西，语不离宗，词无枝叶，无非车马炮兵而已。闻冬末平阳谢侠逊一莅广州，黄松轩迎战三胜一负，卢辉三胜一和，索其有记局者否，则曰声明不记，深为艺术惜之。

下午登添男茶楼，羊市弈人大半在焉，名手不与名手对弈，以无利可图也。其与人弈大都让双马，稍能者递降，分一马为三先，借博数百钱之微利。今日见黄汉对客，首二步用炮二上一，炮八平一，此袭《橘中秘》古法。闻最近让子棋以卢辉为最。衍璿又云："近日黄汉对黄松轩一先十局，胜二负四和三，以力求跻于一等之列，斯为可贵也。"

1938年2月25日

晴。闻南雄各处击坠不断改进隼六翼，稍吐编氓之气。

衍璿今日往梧州抚视其帑①，予独往观卢辉让二马弈法，就中一局最紧迫，记其开局如下：

车一上一　士四上五　车一平四　炮二平六　炮八上七　象三上五
车九平八　马二上四　炮八平七　马八上九　车八上八　炮八下一
车八平四　炮八平七　炮二平六　士四下五　炮七平三　马九下七
车八平六（得一子）

札死寨（《汉书》作塞），打死仗，十步之内夺杀一马，抵得三先，则是每一步抵人一步又三之一也，其剽悍有如此者。

【注释】

①帑：古同"孥"，儿女。

《因树山馆日记》 第十二册

（1938年3月8日—5月4日）

1938年3月8日

　　夜有舍人李来弈，举步殊健，负二胜二，复按负局之一厥败于思之不周，不然胜局也：

　　红：帅一五　士一四　士二五　象一三　象三五　兵四一　兵四三
　　兵四三　车十五　车十八　马四五
　　黑：帅一五　士二五　士一六　兵四一　兵四七　兵四九　车三三
　　车五八　马三五　炮一三

　　此时客马五上三，予应以车八平一，已误，迨马三上四又应以车一上二，更误，嗣是车五上一（应下一），车五下一，车一平三，车八平七，全军尽墨，无一生还者矣。枕上思红马五上三应走马五上三，迨马三上四，应以车八平六绊挚彼马，而长驱我马直扑周军，五步之内血溅大王矣，书此以志吾失也，鸡鸣听雨。

1938年3月10日

　　夜馆人李又来索战，颇尽心力，其开局法有可论议者（全局附存卷末）。
　　红：炮二平五　马二上三　车一平二　车二上六　兵五上一
　　马八上七　马七上五　车二下二
　　黑：马八上七　兵三上一　车九平八　马二上三　士四上五
　　炮二进一　兵七上一　炮八上一
　　折入中局以争三七路一兵，颇感吃力，检《周德裕对局》，炮八进二之着用象三进五。翌日诘之诸名手，黄汉、赵培并云"炮八进二胜于象三进五"，赵坤则云"两着俱好"，何衍璠云："经周德裕、黄松轩探讨之后，决以象三进五。"试续演之为车九进一，车一平四，黑棋占尽要塞矣，此点即一二等手之分也。虽然黄汉之言亦有可存者，依其炮八进二之说，进而为：
　　车九上一　象三上五　车九平六　马三上四　兵五上一　马四上五
　　马三上五　炮八平五　车二上五　马七下八　炮五上三　兵五上一

炮八平五（车六上五）　　炮二平五（炮二上三）

黑棋亦夺得先手，立于不负之地，可心赏也。《象戏句玄》中载奥人李庆全遗局，对周德裕先一局，中局以前全同，卒成和局，可为典要矣。

1938 年 3 月 11 日

往添男楼茶居观何湛与赵坤对垒三局，步伐俱好，虽败犹荣。飧不敢市沽，归并里邻小饮。衍璿偕卢辉、何湛相迹而至，战局大开，何、卢皆让双马，胜群少年七局，予亦饶单马胜二局，饶马先胜一局，此不足存，亦未经意饶子事，惟与何湛对一局颇有理会处，卢氏指为精彩之作（存卷末）。今日饱餐棋中味矣。

1938 年 3 月 12 日

霁，寒如昨日，借容榻温涌古赋。既饱则从弈徒游，类皆捉襟见肘者，溷迹其中，胜于束带远甚。又视此中人体多羸瘠，无便便之腹，大率好用心思，难致丰腴，亦肉食者信未能远谋欤。夜闻集贤居已闭门，大沮我清游之兴。

1938 年 3 月 16 日

晴。渐暖，五十五度。

早课未毕，传警二次，下堂求云。有以车来，俄顷之间抵西濠口，里人尚未朝食也，一饭之甘，万事俱足，人言："机十六架，昨日袭潮汕，无害也。苟吾君与吾父免矣，可若何。"

午登添男楼，赵坤为批剔对局，多中肯之言（语附卷末局中）。看卢辉对客，让一马一先，诸局客以兵七上一、马八上七开局，则以象三上五、马二上四应之，左车横出，右车多从三路直冲，此法得传，其味不在核桃之下。

晡舍明兴，雁晴归自香港，舍馆未定，枉道相过。衍璿电邀入颐苑沦茗，凭君传语，为王前驱，偕里少年陈赴之，何季海、卢辉在焉。别有幽愁，恨生此时，无声胜有声。与季海力战二局，何、卢观局，步步指评，败亦可喜，不肯令人谓我举子非法也。负隅运掌，缊袍奇温，归而记局，用心太过矣乎。四更犹反仄不寐，听邻店捉偷儿。窃钩者诛，粤有明刑（丙寅年，粤当局明令小偷一律杀无赦），不知哉偷儿也。

1938年3月17日

　　连日周、钟苦战，本定三夕六局（夜七时至十一时），而实则一夕常不盈一局，第一局、第二局和第三局，周先胜，第四局钟先胜，第五局钟先和，第六局周先，昨夕弈至深夜十一时半（《华字日报》），只得七十四着，报载其二十五着以后弈法，而不录开局诸着，但云周先进三路兵后立中炮，钟应以过宫炮及穿宫马之局，试以意补演之如下：

兵三上一	炮二平七	炮八平五	马二上三	马二上三	象七上五
马三上四	马八上六	炮二上四	炮七下二	马八上七	车一平二
马四上六	车二上四	马六上七	炮八平三	炮二平五	马六上五
炮五上四	士四上五	车一平二	车九上一	兵七上一	车九平六

续演：

象七上五	车六上二	炮五下二	车二上三	车九平七	兵三上一
车二上五	兵七上一	兵三上一	兵三上一	兵三上一	车六平三
马七上六	车三平七	车七上四	炮七上二	车二平五	车二下四
车七平八	车二平四	士六上五	炮三平四	马六下七	车四平三
马七下九	车三上五	马九上八	车三下二	象三上一	车七上三
车八上五	炮四下二	车八下一	炮七下一	车八下二	车七平五
马八下九	车三平一	车八平一	车五平三	马九下七	炮七上五
车五上一	炮四上四	车五平七	炮四平七	象一下三	车三平五
炮五平二	车一平三	（此时有车五上一抢杀之着，两军严阵相敌，不肯出此飘忽之着也。黑车五上一则立败，何则炮二上五，象五下七，车七上三，士五下四，车一平五，只须数着耳。此二注并删）

　　（眉批）其后询得原谱，惟炮二上四易为炮二平四，一着不同，则先后亦稍异，究竟弈工工也，再录如下：

兵三上一	炮二平七	炮八平五	马二上三	马二上三	象七上五
马三上四	马八上六	炮二平四	车九上一	车一平二	炮七下二
炮四上六	车九平六	马四上六	炮八平六	兵七上一	车一平二
马八上七	车三上四	马六上七	炮六平三	炮五上四	士四上五

1938年3月19日

　　午于明兴，偕乡人三陈入肆学弈，晤何衍璿还《香港观弈记》，其中加评之处良多，或自署所见，或称卢棋王云云，是亦不刊之典也。再叩何、卢以开局第一步象三上五及炮二平四之法，因此二着近日名手所不用，而坊间随处可见，胸无成竹，应关为难。彼曰：应炮二平五，谢侠逊著书用炮二上七继以炮八平五争一中兵，殊非正轨，必用兵三上一为正，此理本易明，所以阻其二路之马也。应象三上五，黄松轩、卢辉皆主马八上七，罗天阳则主马二上一，衍璠参合众理，仍主先马八上七后，相机马二上一，盖此时既未的知先手用局，不宜轻进三七之兵（尤以兵三上一为忌），平炮失飘，进车非时，飞士象尤失先，则必出于上马，所以马二上一者，飞象之后，利在马二上四、上六、上七以窥卧槽，我若兵三上一，更授人以夺先一步，故罗用一马以预防之，然马八在所必上，而无防留二马以有待彼果行，马二上四，则马二上一为防着，炮二平五为攻着，可为下一子尽全局矣，返观周德裕开局二十四局中有上象一局，为：

象七上五　兵七上一　马八上六　马八上七　马二上三　马二上三
马六上四　马七上六　兵三上一　马六上五　马四上五　马五上七
炮八平五　象七上九　炮二上四　兵七上一　马五上四　炮二平七
炮八平六　象九上七　马四下三　车一平二　车一平二　炮六平七
车九平八　马三下五　炮二上二　炮七上五　士六上五　马五下三
象三上五　车九上一

以屏风马抵穿宫马①，亦自圆其说，究竟已落恒蹊，若辈游术江湖，亦不肯轻以一等着法无禄授功，本不足怪耳。

晡邑人陈五（峻岩）导游其宅（爱育西街六号），颇幽厂可居，力说予移榻楼中，以脱埃杂。心甚感之，答以俟执笔时当借净几。已成逃难行脚如僧，一壶一枝安所容心乎，比来额课孔多，觅车匪易，区区为此，自课久荒，嗟乎，黄鹤戒露，非有意乎轮轩，爱居避风，本无情于钟鼓，蜗角蚊睫②又足相容者也（陈五惠棋子一副，精致可爱）。入夜与里人弈，多让二先屡以炮八平五应之，虑非正法，检《香港观弈记》而摘记之：

谢侠逊让苏天雄二先二局，苏皆用炮二平局，马二上三，谢以炮八平五应之，车一平二，马八上七，车二上六，车九平八，车二平三，马二上三。

又让冯敬如二先十三局：

（兵三上一　马二上三）兵三上一　炮八平五　马二上三（一局）
（兵三上一　马二上三）马二上三　炮八平五　车一上一（五局）
（兵三上一　马二上三）兵三上一　马八上九　马二上三
（兵三上一　马二上三）马八上七　炮八平五　兵三上一
（兵三上一　马二上三）马二上三　炮八平五　兵三上一
（兵三上一　马二上三）炮八平五　车一平二　马八上七
（兵三上一　马二上三）马二上三　兵七上一　炮八平七
（兵三上一　马二上三）炮八平五　炮八平五　马八上七
（炮二平五　马二上三）炮八平五　车一平二　马八上七（各一局）

可见后手炮八平五自是夺先之法，谢氏于其著《局记》尝言之，冯以上三兵二马之法，十三局中至占十二，谢应以马二者七，兵三者二，炮八平五者二，马八上七者一，又以见屏风马之无往不利也。其中车一上一者至占五局，盖上一之后平六，上五以消阻，原二先之进行，藏锋不露，读此则为王者师乎（陈五惠棋子一副，精致可玩）。

（眉批）曾展鸿等评云："是局周用进兵中炮进攻，第三十着钟方已占优势，第三十一着周车二上五以轻车突进欲解重围，钟不走车四平五而应兵七上一似属失当，三十七着乘机脱马，四十八着车四平三迫马退守均超卓异常，惟五十三着相三进一似遇精细，六十八着炮四上四增厚实力，七十三着炮五平二能守能攻，七十四着七十五着双方车一平三互相牵制，迫得兑子成和。"

钟珍字灵宝，番禺人，有"粤东三凤"之称，并黄松轩、曾展鸿而三也。

【注释】

① 穿宫马：象棋术语，也称"拐脚马""转脚马"。

② 蜗角蚊睫：形容极为狭小的境地，出自庾信《小园赋》。

1938 年 3 月 20 日

夜与饶可将对局，其开局常取炮二平五，马八上七，马二上三，兵三上一，车一平二，车九平八，车一上四，马二上三，马八上七路径，予思以兵七上一应之（屏风马最忌随意上象），诘赵坤则以炮八平九，今晚我用我法，记存一局殿之卷末。

周钟未完之局（见十七日日记），《华字报》记者预言周必炮二下一锁钟双车，按走此着，周遂成下手和，号称"七省棋王"，必不出此（今夕对饶君言之），昨日港报来则为：

车一平三　车三下三　车三平七　炮七下六　炮二上二

车五平四（必争之线）　马七上八　车四平二　马八下七　车二平四

马七上八　车四平二　马八下七　车二平四　车七平五　车四平五

车五平七　车五平四　马七上八　车四平二　炮二平五　象三上一

马六下七　炮七上三　炮五上二　士六上五　车七平三　车二平九

车三平五　车九平五　车五平九　相一下三

毕竟言和，而执先手者先手到底，以弈理论都不失着，十局九和也。黄启康有抄棋捷法，予已见之，用线界表示上下及平，如马八上七为 M8$\overline{7}$，马八下七 M87，车九平八为 K98。黄密弓《棋坛花絮录》未见。

1938年3月21日

胡筠岩入村来访。

胡筠岩问弈中夺帅之时，呼曰将或曰将军，语有所本乎。答曰粤人谓之照打照面也，明谱《橘中秘》已有此语，"将之"云云，南北皆然，语曰"人臣无将，将则必诛"，言无专辄也，自专则犯上矣，庄三十三年《公羊传》"君亲无将，将而诛焉"，师古注"将有其意也"。

夜有二客合从弈，用赵坤之言（炮八平九）果夺得先手，而卒言和，思之乃又有失于迂缓，失于重叠二着者，在此理既自得之，心中释然，不必谋诸弈工矣（存局卷末）。

1938年3月25日

午登茶楼观弈工奉伎，羊市之盛在今日当冠国中，而南方之强，绝少用兵马局（即以兵三开局）者，剽悍卞急之民性然也。然凡成一弈工，亦类能搏刚为柔，晋杨珉问骑督朱伺前后击贼何以常胜，伺曰两敌共对，惟当忍之，彼不能忍，我能忍，是以胜耳。澒足稠人之中，会心骑督之语，如见公孙大娘舞剑器也。

1938年3月26日

方晚食，衍璿电速饮馔，既饭乃应其召，何季海、卢辉在焉，炉边灯下等诸，嚼蜡过屠矣。惟观何、卢对局，饶具奥理，一子之下，重于置君（《左传》："臣之置君如弈棋然"），二更之长，未完一局。予亦弈兴遄动，告归而与里中子弟知白守黑，陷阵谈兵，不自知其玩物丧志也。

1938年4月1日

质明登"西安"港轮，比日少定旅客，车马不若前此之辐辏①。舟次与里人（陈焕其）弈，十局饶单马，彼不能胜，则并饶先（俗曰马先）亦如之，一马合三先有奇（何衍璿方研究一马直三先半强或三先半弱），度量相越，无可假借也。日旰抵有信港庄。

夜偕际云登高升四楼茗肆中之有华贵气者，晤曾展鸿，云已写钟、周对局及谢侠逊函寄羊市，并许予近日对二何弈谱弥徵老到，惜未及见佳札也。当夕本有剧棋，而钟辞以疾，冯敬如串之，一负一和，负者负于盲人失车，和则和于宋人城下，其为士者羞之。市《棋会特刊》五册归（谱入《香港观弈记》），以一册寄松轩澳门。

【注释】
①辐辏：形容人或物聚集像车辐集中于车毂一样。

1938年4月2日

致何衍璿（附新谱一册）。港中有黄密弓者撰《周德裕棋战史》一文，有云："昔逊清乾隆间毗陵国手周廷梅与当代九派棋王争雄长，卒能一扫而空之，遂创毗陵正派，门弟子满天下，惜百数十年后，棋运陵夷，宗风渐觉颓坠矣，何幸时至今日，突有周子出而重振之，为厥远祖恢宏其派，屹然与广州黄松轩先生之江夏派隔河辉映，不可谓非并时豪杰矣。"文亦跌宕自喜。

其撰钟珍也，曰："凤以中国棋坛总司令之谢侠逊亦畏惮之，晋以粤东三凤之荣誉，三凤者钟与黄松轩及曾展鸿也。"记曾与李庆全之兄曰："桂者对局，钟先手炮二平五，马八上七，马二上三，车九平八，车一平二，炮八上四，兵三上一，炮二平五，马八上七，马二上三，马三上四，至此乃申博二十金，李炮八上一，于是，马四上六，炮八平三，车二上九，马七下八，常情谓必马六上七去黑马以求均势也，乃马六上八，炮五平四，炮五平六，帅五上一，车九上一节节进逼矣。又有一次钟开局炮二平五，马八上七，马二上三，车九平八，兵七上一，炮二平三，马八上七，至此又如前状，乃兵三上一，马七上六，兵三上一，马六上四，象三上五，炮八上五，马二上四，马四上三，车八上一，炮八上一，马四上二，炮五上四，其谱洽多此类也，其走着有李之阴，无冯之怯，而有和不肯和，又兼黄之稳云云。所以进之者亦备至矣哉。"……

钟珍又告疾，弈坛诸工皆以让子谋生。无对手者，曾展鸿迟予不至，不及一谈，早归。阅钟、周六谱略成诵矣。

1938年4月3日

日昳归有信饭，睪然①有扬鞭慷慨之志，独诣坛下，挑鄂手方绍钦一显身手，方于华中负一等之艺南来，声誉稍逊于罗天阳，要不落二等前茅之选。予与弈工分庭抗垒，实始今日，小试其锋，乃特录稿于此：

第一局，对方绍钦一先和（香港庆云茶楼）：

炮二平五　马八上七　马二上三　兵三上一　车一平二　车九平八
马八上七　马二上三　兵五上一　士四上五（何云：不如炮八上四）
兵五上一　兵七上一　马七上五　兵五上一　车二上六　炮八平九

车二平七	兵五上一	炮五上二	马三上五	炮八平五	炮二平五
炮五上三	炮九平五	炮五上四	车八上三	象七上五	车八平五
车七平五	马七上五	士六上五	车一平二	车九平六	马五上六
兵三上一	马六上七	马五下三	兵七上一	马三上五	兵七平六
马五上六	炮五上二	车六上四	车二上九	车六下四	车二下三
兵一上一	车二平一	兵七上一	象七上五	兵七上一	象五上三
马六上七	兵一上一	马七下五	象三上五	马五上六	兵六上一
马三下一	兵六上一	马一下二	兵六平五	象三上五	车一平五
车六上二	炮五上三	帅五平六	车五下四	马二上三	车五平四

黑子净胜二士，炮兵和马兵，是为正官和。开局至终皆用正着，衍璿云："兑车之前黑子尚能胜。"

第二局，对方绍钦一先胜：

炮二平五	马八上七	马二上三	兵三上一	车一平二	车九平八
马八上九	马二上三	车九上一	炮八上四（何云：旧式）		
车九平六	士四上五	车二上二（钟珍云：尚可）		炮二平一	
车六上五	车一平二	车六平七（钟云：应炮八平七）		车二上七	
车七上一	象七上五	士四上五	炮一上四	兵七上一	车二平三
兵七上一	车三上二	兵三上一	车三下二	马三上四	车三平一
兵七平八	车一平二	马四上六	车二下三	马六上四	车二平六
车二平四	炮八平六	马四上三	车六下三	兵五上一	车八上六
炮五平八	车六平七	炮八上七	士五下四	车七平五	车七平五
车五平六	车五平二	车六上二	帅五上一	车六平五	帅五平六
车五平七	炮一平五				

细思红子只在第十七着车二上二一着失先耳。归庄上闻有二客来录局，自得也。

【注释】

①罩然：高远貌。罩，通"皋"。

1938年4月4日

晴。晨稍治事。作家书。有客，有客唯之与阿。移进苏侄过从，亦廉卿所谓"纵谈古今人"，私心甚快也，即席挥毫示以碑方帖圆，篆用绞、隶用翻诸笔法，一阳一阴，毗刚毗柔，视乎禀性与夫致力之如何耳。

午有糜可餐，资人菽麦，以有弈手来匆匆别去，弈手者族孙文雄也，负第一手于小邑者垂十年，视并世高手周、钟二三外，落落无当意者，是小有才，以医觅食，不克专工其术者。年来予好事弈，多亲谱少临阵，家居尤不欲与乡人对此，孺人屡欲呼族孙来，予莞尔曰："卿意以觇吾术之进退，则心所右者从可知知矣。"今午客中相遇，以献艺为请，于此而谢之，是示我非夫也，邑人其谓公何欣然展枰，荪侄之引去，或以在坐，恐分我用心也。得局如下：

第一局，对黄文雄一先和（有信庄头）：

兵七上一	兵七上一	马八上七	马八上七	马七上六	炮二平五
马二上三	炮八上四	象七上五	马二上一	（以上各用明人旧谱）	
炮八上五	炮五上四	士四上五	车一平二	车九平八	炮五平三
车一平四	炮八下四	炮八下一	车九上一	炮二上二	车九平四
炮二平五	士四上五	马六上五	马七上五	炮八平五	炮八平五
车八上九	马一下二	车四上六（何评）	车四上二	帅五平四	
帅五平四	炮五上三	象三上五	车四平一	马二上三	炮五平四
车四上三	炮四平三	炮三平七	炮三下三	车四平七	车一平七
车七上一	车七上一	车七下一	车七下一	车七下一	车七平九

第三十八着何衍璿评云："改炮三平二可得一子。方算真先手，盖以炮打炮，无论彼炮变至何，横量均死，若以马捉炮，一变横量即可逃脱矣。此局子仍可胜。"问何君以文雄之伎如何？答云："但看二局，尚难遽定，要不及二等之伎。"

对黄文雄一先胜，第二局：

炮二平五	马八上七	马二上三	兵三上一	车一平二	车九平八
兵五上一	士四上五	兵五上一	兵五上一	车二上五	炮八平九
车二平五	炮二平五	士六上五	马二上三	马八上七	车一平二
车九平八	车八上六	炮八上一	车八下一	车五平七	马七上五
车七下一	车八平四	兵三上一	车二上四	炮五上五	象三上五
象七上五	兵七上一	马七下五	兵七上一	马五上三	车四平三
兵七上一	马五上七	马三上五	炮八平六	马五下七	炮六上四
炮八上一	马三上四	车八上三	炮六平三	兵九上一	车二上一
车八上一	马四上三	马七上五	马二上五	马五上四	马一上三
帅五平六	炮三平四	马四上六	马七下五	马三上五	炮四下一
马五上七	士五上四	马七下六	马五上四	马六下八	马四上三
帅六上一	马三上一（前）	马八上七	马一下二	帅六上一	马三下二

开局由雄悍而归于严正，中局力争上游，各尽精果，四十七着兵九上一一着之松，爱丧其炮，红军遂不支矣。予尝言文雄当及二等，闻有钟珍饶二先和一局，今观其伎，予言信也。

入夜茫茫，复走坛下，客有见昨夕对方绍钦之战者，力浼予与钟珍对局，彼自战周以来，誉满岭南，乃亦与予目成，谓为潮州高手，约我挈往潮汕卖艺，但勿露其姓名，予曰偕往诚所愿东道之主，可请吾子之须臾焉。若以弈言，予在里中可云未与人交手也，既不获命，请子执先，非敢让人，自知先手棋更劣甚，遂

开局

　　对钟珍一先和（香港庆云棋坛下）：

炮二平五　马八上七　马二上三　兵三上一　车一平二　车九平八
车二上四　马二上三　兵七上一　兵三上一　车二平七　炮二下一
炮八平七　炮二平三　车七平三　兵七上一　车三上一　象三上五
车三下一（至此变局）　马三上四　马八上九
马七上八（钟云：不如上六。何云：还是上八好，上六旧法也）　车三平六
马八上六（何云：不如马四上六，此后有上八及炮三平七之着，已入局矣）
兵五上一　马六上七　炮七平三　马四下三　车六上四　车一上一
士六上五　士六上五　炮五平六　马三上二（应车一平二）　象七上五
炮八下一　车六下五　炮八平七　车九平七　车八上四　车七上六
车八平三　车七下一　象五上三　车六上三　炮七上六　炮八平三
象七上五　车六平五　兵一上一　兵五上一　兵一上一　兵九上一
车一上四　兵五平六　马二下三　车六平一　马三上四　兵三上一
马四上六　炮三平一　马六上四　车一平六　车一上一　兵一上一
炮三平一　车六下二　炮一上六　炮一平九　马四上三　车六下三
马三下一　车四平一

　　钟君以中炮河头车开局，迫予应成弃马陷车局，至二十一着钟车不上二去马而下一守河，成法遂变，此局执先者从未致负（赵坤之言），我既执后手，更力求不下错着，俟机而作，殊于二十四、三十四两着小失戎机，攻守殊形，局情转促，钟君之捉弱点应步而来，如兵五上一、炮五平八、车六上三等皆是末局，幸成力持不败之旨，钟亦屡云赢不到，且有五十二着马二下三双捉车兵，杀得渡河之卒及不贪九路兵以求露车，竟以上手和终局，为自幸矣。

　　计二夕之间，力战三士，和三胜二，稍慰求志之勤，惟精力限人，百尺竿头难言更进一步耳。归与有光夜谈，众妙之门，惜别明朝，又为睡晚。

1938 年 4 月 8 日

　　投明兴肆，主人特为渐斅韭蔬牛酒以犒其来，天下事既非辈所及，慕容垂语："不有弈徒犹贤乎已。"

　　曰赵坤者，负艺不肯让人一先。谢侠逊尝对予言："粤中四贤，黄卢曾赵矣。"予历览其布子，寓刚于柔，去年冯泽主西坛，更战二十余名手，人皆二局，净胜二局者惟坤一人。百结登台，两臣如载，而怀中不离《孙子》《国策》等书，斯诚囚首器面而读诗书者，此岂人情也哉。台下聚观者榜之为棋坛怪客也。危城之下，禁及野祭，厕足廛肆，时从之游，今日初展一枰，相与角逐，惜赫赫在上，心所谓危，不能专心致志，玄机未得，草草控弦，正面北窗，连天烽火，高下在眼，

攻守殊形，逃市舍村，原为远祸，升天入地，又当其冲，安石之棋，既常劣于谢玄，讵以今日，便能为敌手乎，常以数合，立不成军，记存胜负及和局各一，以志其遇合焉尔。

第一局，对赵坤先胜（西关添男茶楼）：

炮二平五　马八上七　马二上三　兵三上一　车一平二　车九平八
马八上九　马二上三　车九上一　士四上五　兵三上一　炮一平二
车九平六　车一平二　炮二平七　炮一上四（赵云：应车二上五）
车二上六　炮八平九　车二平三　车八上二　兵三上一　炮九下一
车三平四　炮九平七　兵三上一　车八上四　兵三上一　炮七上五
炮七平三　炮一平五　炮五上四

第二局，对赵坤先和：

炮二平五　马八上七　马二上三　兵三上一　车一平二　车九平八
马八上九　马二上三　车九上一　士四上五　兵三上一　象七上五
炮八上四　炮八上四（远虑云：不如兵七上一）　炮八平三
马三上二　车九平六　炮二平一　兵三上一　马二上三　马九上七
炮八平三　车二上九　马七下八　炮五上四　车一平四　车六上八
帅五平四　兵七平六　马八上七　兵六上一　马七上五　炮三平五
炮一上四（应兵九上一）　炮二平一　兵一上一　兵一上一
兵三上一　兵一上一　兵三平四　兵一平二　兵一上一　兵二上一
兵一平二　兵二平三　兵二上一　马三上二　炮三下二　马二上四
炮三平五　士四上五　炮二平五　马四下五　兵四上一　炮一下三
兵四平五

第三局，对赵坤先胜：

炮二平五　马八上七　马二上三　兵三上一　车一平二　车九平八
炮八平七　马二上三　马八上九　马三上二　兵三上一　象三上五
车二上六　士四上五　马三上四　炮八平九　车二平三　炮九上四
兵三上一　车八上五　马四上五　炮九上三　马五上三
车八平七（赵云：不如车八上四）
车三平一　车七上四　车一下六　车七平九　马三下四　车一平四
车九上一　马二上一　炮七下一　车九下五　马四上五　象七上二
炮五上五　士五上六　车九平八　炮二平一　车八上六　炮一平五
车八平五　士六下五　车五下二　马一上三　马九上八　车四上八
马八下七　车四平三　马七上九　车三下二　马九上八　车三上三
马八上九　车九下二　马九上七　帅五平四　车五平六　车九平四
车六上二　士五上四

急返长堤与乡人处，心乃稍安。

1938年4月18日

今日编成《香港观弈记》一册，第一卷《周德裕开局二十四种》（文雄传抄），第二卷《冯谢鏖战记二十二局》（曾黄评记），第三卷《周钟大战记十局》（展鸿评记），第四卷《名局择录》（任初观记），第五卷《畴盦对名手五局》（衍璿评定），亦比来海上会心之所得也。彭择云"传之好事"云尔。吾则并不得好此事者，而传之敝帚，千金自供覆瓿①耳。

【注释】

①覆瓿：喻著作毫无价值或不被人重视。亦用以表示自谦。

1938年4月20日

夜思走广州，以天有雨决可高枕也。惮于早课，畏行多露，所以欲往者，酒耳，棋耳。

呼童酤①之，浼②客（唐）弈之，不盈一尊，记存四局，记竟大奇也，即每局皆以四十八着结局也（三胜一和），其胜尔力也，其至非尔力也，二人合力以至于此，在我不能减一着以胜之，在彼不能多一步以求不负，度量相越其不可假借者如此（谱附《香港观弈记》后），十日不临鞍马，今夕稍致思力，夜枕不宁，不胜吾衰之感。

【注释】

①酤：买酒。
②浼：央求；请求。

1938年4月24日

康子亦问舍求田于此，午过其草庐，晤闽人袁文奎而棋焉，让先和执先胜各一局（入《别集》），覆视让先之和局，实不可胜，其故端在开局前数着，袁马八上七我应兵三上一或炮二平三，促其上象看势夺先，反应以兵七上一，袁第二着即炮二平三促我上象，又抢得先手之先，从此两无大谬之着，则十九言和耳，检存谱（曾黄传授名谱）惟《癸集》有犹贤室主人对黄松轩以马二上三开局，其前数着为：

马二上三　兵三上一　炮八平七　炮八平五　马八上九　炮二上五
象三上五　马二上三

曾氏评云："双方开局因应而变，尽脱常格，是真不多见也。"前三着正与予等同，松轩第四着炮八平五似不如予之上象为妥，故其后虽妙着迭出，而终不免于负。逆水行舟，一竿不能松者。

1938年5月4日

夜行草间，望新月已朒，入室坐隐三局，中夜始敛手，第三局唐秋光惯开八路炮，予应以单提马，误开车一上一为车九上一，虽搏得一子，中局备尝苦辛，多费四十着方杀得局。曾展鸿评弈有云："一子托，满盘皆落拓。"此之谓夫。

《因树山馆日记》第十三册

（1938年5月18日—8月8日）

1938年5月18日

晴。午八十九度。

授业之余，颇以抄谱废学。迩日恩明告陷（十二日），不任侨将压焉之惧，维桑与梓，系于苞桑。千年去家之鹤，王里徘徊之蕉，所为九皋嘹唳（新附字），乙夜踸踔①者也，儿辈书来言："国难方殷，百不足惜，不论何人，均能处之泰然。"则又俯仰皆宽，浩然元害。夜约舍人唐秋光共坐三局（别存），其第三局两马纵横驰骤而不失其辔，的然可存之作，第二局唐开局中一着以非法相逼，准理绳之，应失一先，而予应局反丧一象，原着法如下：

炮八平五　马二上三　马七上八　车一平二　车九平八　马七上八
炮二平三　兵七上一　车八上五　象七上五　兵三上一　兵三上一
车八上一　炮八下一　车八下二　马七上八　兵三上一　象五上七
兵七上一　兵三上一　车八平七　车九上二　车七上一　炮二平一
车七平三　车二上四（幸有此着挽救）

夫彼既有失先之着（车八上五），则我必有夺先之着在焉。事有必至，理有固然，我不能乘之而反为所乘，则我又必有更失先之着在焉。退而思之，可坐而致也，且即此是治谱正轨，归而求之，自有余师，此之谓夫。复按，第十着至第十九着，着法皆正，第二十着势在逼人，兵三上惟其不受人制而抽思制人之着，乃为高手。兹拟着法如下（自第十着起）：

兵七上一　象七下五　兵七上一　炮二下一
马二上一（此必然之着，不然则炮二平七）　车九平八
炮三平四　车七上四　士四上五　车七平三

至此起应凡二十八着，而除消失者外，所存于枰上者红子七着，黑子十着，黑子所争得者三先，则红子所负去者三先，几等于一马之力，此后不失步，无致负之理。记此为谈棋理之一例。

梁江枫（南海拔公）编次《象棋比赛汇刊》，今夕手抄一过讫，进退得失，详列抄本中，兹记其子目而略论之。

第一卷《东南选手比赛各局》（十六局），此为民国十九年十月事，华东周德

裕、林弈仙、华南李庆全、冯敬如，弈于香港，春色平分，言归于和。谢侠逊、周德裕录谱，励存其较善者。曾、黄传谱亦非全豹。此卷悉数录之，可见当日之真。

第二卷《全省象棋比赛各局》（三十七局），为二十年十二月事，最录黄松轩以下二十三人，自一时一地之隽②也。

第三卷《新梅花谱》（五局），姚邑吴梅圣遗著，据云此卷一名《象棋饶先秘谱》，吴艺精绝罕，逢抗手生宁最善用马，兹谱之"屏风马破当头炮"三局，亦多以马制胜，其布局运子灵警异常，洵③能得以静制动、以柔克刚之妙，与息陬王再越所著《梅花谱》，可称异曲同工，谱秘藏百余年，今始面世云。按王再越著，今存谢侠逊《棋谱大全》中。世以之比肩《橘中秘》，称曰橘梅两谱，多属先手之胜。兹谱从后手夺胜着眼，尤叹相见之晚，列而言之：

第一局：屏风马破当头炮直车法（十四变着），用兵七上一迫兑红右车以破其右翼。

第二局：同上横车破法（八变），用兵七上一，马七上八，马八上七法横破其右翼。

第三局：屏风马破中炮进卒法（十变），则从中路直捣。

第四局：屏风马破单提士角炮法（九变），首数着为马二上三，兵三上一，马八上九，马二上三，炮八平六，炮二上五。

第五局：屏风马破士角马法（八变），红马二上四，马四上六之后右翼空虚，因侧攻之。

制局如构文，立定篇局之后，着着从此着眼，百变不离其宗，既曰制谱，则不无削足就屦④，如戏场中配角之凑合主角。然吴氏所著，其过迁就之著不若《橘中秘》之多，且有全局正着者，得未尝有，弥可贵也。然以兹一事消磨五日，自知耆痂⑤亦太甚矣。

午萧鸣籁文学入山访谈，张作人共坐，史乘今事，上下皆非。村中谈侣久散，兹会尤不常耳。

【注释】

①趹趚：形容声音响亮凄清。

②隽：同"俊"。

③洵：实在。

④削足就屦：比喻不合理地迁就现成条件。

⑤耆痂：嗜痂之癖。原指爱吃疮痂的癖性。后形容怪癖的嗜好。

1938年5月19日

雨。雨来其苏，父老之望云有日矣，经旬不西，况也永叹，乡事何若，尤所萦怀。

晨得雨决意入市，公车当道，亦附冀尾。抵明兴，适有自故乡来者，适有天幸，鸡犬依然，为之加餐。独往弈肆，沛然大雨，弈客不前，而名工数人在焉。予悬一金为公彩，一局一金，目卢（辉）、赵（坤）决之，众方寂坐，皆以为然，赵执先以炮二平五，马二上三，兵七上一，马八上七开局，接下炮八上二，从此每下一着皆费沉思，无一着不精妙，卢间有一稍空之着（第三十着兵九上一），终负三兵，往复百十七着。三小时而后定局，殚竭心力，不愿再战矣。此来得一佳局，不负脚力也。

夜溷迹肆廛，大苦蚊虱，呼起者三，彻宵几不交睫，肤背隆然，殊叹作客之不易。

1938年5月21日

早起作记，禺中入城，授文讲《哀学篇》，多激楚之音。

午登弈楼看人弈，晤张保衡、何衍璿诸子，皆不欲谈今事，然则酒与棋耳。保衡言此调不谈久矣，会须一饮三百杯，固所愿也。今日看一少年梁炳以二先与黄汉鏖战，衍璿云此子残局尤愈于何醒武，信南国之多才乎，记其八局（胜三和三负二）。

未及晡，以畏蚊，驰还村舍。凄凄河畔之草，漠漠野庐之烟。生意满前，韭蔬皆韵。夜与客杂坐对二局，二更已过，校是日黄、梁八谱，仅理其半，烛见跋矣。夜不闻鸡，常有犬吠。……

今夕客弈炮二平五，马八上七，马八上七，马二上三，车一平二，车九平八，车二上四，论正局黑子应行兵三上一，记吴梅圣《新梅花谱》独应炮八平九，以上生红车二平六及车二上五两种变着，未敢轻试，仍依常法行兵三上一，而红马八上七，一时应以士四上五，从此兵七上一，兵三上一，车二平七，炮二下一，车七平三，几濒失先，按第九着马八上七名谱中未曾见，而时人颇习此着，当应以炮八上二为上，炮八平九次之。

1938年6月3日

曾展鸿远自九龙城来就谈，壮心未已，口述弃马陷车局，比日创见一着破黄军（松轩），在坐者皆为起舞，特存其着法于此：

炮二平五（曾）　马八上七（黄）　马二上三　兵三上一　车一平二
车九平八　车二上四　马二上三　兵七上一　兵三上一　车二平七
炮二下一　炮八平七　炮二平三　车七平三　兵七上一　车三上一

象三上五	车三上二	马三下五	炮五上四	车三上八	帅五上一
炮三平一	炮七上二	车一平三	炮七平五	车三上八	帅五下一
车三下三	兵三上一	炮八上四	象三上五	车三二二	炮五平七
车三下五	马三上四	炮八上三	象五下三	炮八下四	车三上二
车八平七	马四上六	炮六平三	马六上五		

此局已见前记，至二十七着止为旧谱之法，二十八着车三上八以后诸着，是松轩辈比年所悉心考索者，此四十一着车三上二则展鸿近日之特见也。尚有弃炮陷车局，约再见。夜访弈人大东酒店，仅晤苏天雄。

1938年6月5日

晴，午八十九度。

凌晨乘桴过苏簃，易车九龙城答曾展鸿之访，且请益也（九龙城南道三十八号二楼）。一楼之间，老安少怀，海上寓公，劫余逃薮，即此已视如玉堂天上矣。主人举予对名手六局稿谱，孰得孰失，抉摘述评，走遍天涯，觏兹大匠，而马不加进，人皆弗如。苏簃叩展翁曰："予艺有等级可言乎？"曰："一等矣。"予闻之惧然而呼，曰："是客气也，非夫子之所以爱人也。"避席而请，则更出"弃马陷车局"数十变着，裦然①盈卷，尽量相视，曰："此为最近之进步矣，如周、钟辈尚不了了，松轩亦知其七八而已，此局当有百变，前人之所未发，予亦求得其八九而已。"拜而受之。

记香山曾展鸿新谱：

"当头炮破左单提马弃炮陷车"三局，第一局黑平炮去车，凡二十五变。第二局黑用象去车，凡七变。第三局红马不归心而退二，凡八变。其自题云："'左单提马弃炮陷车局'为冯君敬如独出之妙着，十年前用之以对各名手，其所弃之炮未有敢动之者，余以为去之无害，因演成以下三局共四十变，恐仍有未尽也，偶然所得，虑日久遗忘，故笔记之以待高明之改正，《橘中》《梅花》而后，特出者有《象棋大全》一书，取材宏富，以此例彼，瞠乎后矣。"际遇按，谢侠逊集古之力，有专方来，至其自著，则收录对局之外，仅能为初学者说法，并无精心结撰之谱，予知其为人似亦不肯把金针广度与人者也。

"当头炮破屏风马弃马陷车局"四局，第一局黑车三退六，红马三退五归心，红胜凡四变。第二局黑车三退三管炮，复炮八进五禁红象践车，红胜凡四变。第三局黑炮八进四志在卒后攻车象，红胜凡十二变。第四局红卒三进一，黑车三平二捉马，红胜凡五变。其详别录为专卷，兹但最其目而止，全谱抄入曾、黄传授《名谱甲集》。

【注释】

①裦然：亦作"裒然"。杰出貌。

1938年6月12日

长日如院中冷僧，让广扬冯先，得二局（有稿）。展公后至，借箸代筹，又视予以《当头炮破屏风马弃马陷车局》四卷，并有著书，咸能自序者也。自序："弃马陷车局初出，世人有去马而败者，以后棋人多不敢去之，余与黄子松轩曾略加研究，得首二三局，知其马未尝不可去也。由此推陈出新，变局孔多，窃未能穷其奥。有得即记，感此兴趣，欲罢不能，久之又得以后七局，其间末着，惜多雷同，然制胜之道，别无他术，盖黑方弃马，红方弃车，激成猛烈攻杀之局，黑马归心，自成集矢之的，途径虽曲折迂回者，力处仍在乎此也。翻前三卷仍属红胜，末卷黑胜。常以一着先后之差，隐伏腾身夺将之隙，孰主宰是，孰纲维是，知巧者造谱，材隽者述之，中人以下学犹不及也。"

垂晡共饭庄头，相将海隅入大东访罗云舫，见梁节庵与马季立书札十余通，多掌教广雅时之作。具体苏、黄而未至者，四十以后之作风格犹然矣。坐次见省会名手来者，有徒（卢辉、黄汉、朱剑钊），在东则无术全身，西来又艰于插足，琐尾①之叹，今古同之，尾闾之归，客浮于主（香港原九十万口，今号百五十万），一朝遏籴②，则又相率食人乎。弈人苏天雄、何鲁荫并在焉，谪落③人间，已足此数，舍馆未定，戢兵④竢⑤时。予与曾子漫拈一局，间亦佳着迭出，供同游者清赏也（展鸿介与广西轮办手卢荣相识），展鸿以缣⑥索书，并属以予意者识诸新谱之专，因电荃假秃颖。

【注释】
①琐尾：指颠沛困顿中的人。
②遏籴：禁止购买谷米。
③谪落：指神仙因罪过被贬落人世。
④戢兵：息兵；停止军事行动。
⑤竢：同"俟"。
⑥缣：双经双纬的粗厚织物之古称。

1938年6月15日

乙夜投大东旅舍，苏天雄迟予来观剧棋，谁与棋者，户外屦三，则卢辉、黄汉合纵，让劳少峰一马，劳之艺应超于三等，后闻展鸿言"几可列一等"。无惑乎，合纵之不成也，记其三局以归，已子夜矣。

1938年6月16日

晴。

稍阅文篇，晡酌一杯，复寻诸弈徒，至则罗云舫力挽，偕其家人买醉市肆，亦尽一夕之娱。南中酿酒，无多流连，鱼虾贝蜃，君地生焉，先生馔亦旨矣。云舫夫妇命爱息（广程）出拜，将以从学也。酒酣再入大东，据楼瞰潮，弹棋六博，各从所好，记一局未完，款门几四鼓矣。

1938年6月19日

星期。晴。午九十度（报广州九十二度），入夜衢巷有余热，中夜窥见下弦。

既盥，柑铁翁袖近著《二徐说文音义勘补》二十卷下，问属以点定方毕，《革部》不盈三之一也，谈久共饭别去。

为曾展鸿成《弃马陷车局谱》新序一首，云：

"予阅清弈人对谱，无虑数百，益以香山曾子手定稿集千余局。一枰之间有可综而述者，先就开局第一着言之，用炮二平五者十之六七，用兵三进一或马二进三者居十之二三，外此如炮二平四、炮二平六、象三上五者不及十之一，若炮二进二则几无闻。兵一进一惟何鲁荫与黄松轩越华鼎赛时一行之。盖炮二平五最不易失先手然，即此大势所趋，亦得失之林之所在矣。进而言之，既炮二平五矣，则第二三着马二进三，车一平二随之。黑子多以屏风马应着，则第四着势出于车二进四与进六之两途，进六者多于进四者，然进四驱车河头，自是正着，一经兑兵平七，而黑炮二退二之后，舍炮八平七外，着着失先，此后七路之车又限于平二平三两着，而平二者又居多，皆过虑平三后之险也。自'弃马陷车局'行，吾粤三尺之僮类能道之，至此中变化先后，弈坛觥觥棋手，未必有知之能尽者允矣。曾子以伏波百战之躬，说由基七札之伎，与黄子松轩运筹帷幄，既为变局三，小变四十，闻其道者，欢喜赞叹。比者索居南海之滨，撰杖借着，又成八局，穷追其变，至于百数焉，无往而非先手之利，虑其未尽，又附黑胜八局以足之，非红之果可胜也，举子先后之殊，遂黑者以可胜之机耳。读此不必为王者师，而乾坤间盈亏之消息在焉。间尝论之，圣者制谱，能者述之，中材已下学焉，穷年莫殚也。吾道不孤，无征不信，斯为国门可悬，都人争写者矣。"

飧后渡海而行，衢衖余热，饮冰乐园，论定小文，考究写经，悄焉无言，时见误笔，此虽小道，当及精力弥满时为之耳。

归过大东，黄汉饶朱剑钊一马演三局以饷予。（卢辉为言昨夕先对钟珍一局胜）

1938年6月20日

夜登大东,录何鲁荫让朱剑钊一马二局。卢辉示予胜钟珍一局,据云几费三小时,是可以今代之棋术者,特录之:

兵三上一	兵三上一	马二上三	马二上三	马八上七	马八上九
兵一上一	炮八上四	炮二平一	炮八平三	象七上五	车九平八
炮一上四	炮二上二	兵一上一	兵七上一	兵三上一	炮二平七
车一上四	车一平二	车九平八	车二上六	炮八平九	车二上三
马七下八	车八上六	车一平三	象七上五	马八上七	车八平七
车三下一	炮三平七	马三上一	炮七平八(上)	炮一平九	
炮七上三	兵一上一	马九下八	马七上六	炮七下一	马一上二
炮八平五	士六上五	炮七下二(隙)	马六上四	炮五下二	
炮九平七	兵三上一	兵九上一	马八上六	兵九上一	马六上四
马二上一	士六上五	兵九平八	马三上一	炮九平六	兵三平四
炮六上五	士五上四	马一上三	帅五平六	炮七平八	兵四上一
马三下二	帅六平五	马四上三	士四下五	马三下五	炮七平二
马五上七	马一下二				

卢于黑马单提时即进边兵平边炮,始终净胜此一兵,以为制胜之本。钟走子尚不及卢,之加以第七十着炮七平二贪一兵而失一炮,虽名手而难免于失手,其他更又何说。予与卢子自七十一着接演如下,成正和也。

马三下五	马一下二	马五下三	象五上七	炮二平五	帅五平六
炮五平四	帅六平五	马二上三	帅五平六	炮四下一	马二上三
炮四下三	马三上四	兵八平七	马四上二	兵七平六	炮五上一
马三下四	炮五平六	兵一平二	士五上六	马四上六	士四上五
马六下五	马二上三	帅五平六	帅六平五	马五下四	炮六上二

1938年7月6日

登楼四望,二客从之,请缨有志,投笔睥睨①,易马而战,阵容一新,饶有斩将搴旗②之趣。是日诸侯壁立,不复作坚壁清野之故习,故纵前驱,轻骑而进,灭此朝食,何以辎重,为时令观者目瞪舌结,中炮局抢杀之热闹,本有如此也,凡八局,并可存其中二局,可与黄子松轩争骅骝一马首矣(言女侍侧)。

【注释】

①睥睨:斜着眼看,侧目而视,有高傲的意思。

②搴旗：搴旗斩将，指拔敌旗，斩敌将。

1938年7月28日

　　五更大雨滂沱，风伯助威，吹栏入室，屡起阖户，殊扰清梦。午八十五度。终朝且霾，自乏惠然肯来者。……

　　昏时与侯汝霖（扬阳）对三局，饶先二局，皆以炮二平六开局，流俗用之如此其广，名谱千数，仅有一局，黄松轩用炮八平五应之，秉《橘中秘》古法也，去夏日记已详说之。师丹善忘，后羿善射，抽矢之和，出于力守，退思应此着之法载在爰书，即炮二平六，马八上七，马二上三，兵三上一，象七上五，炮二平四，车一平二，马二上三，车二上四，车九平二，即以马八上七，兵三上一，炮二平四，马二上三为要着，相机而马三上四博换其过宫之炮，以杀其向右翼之攻势也。今日胸气失阔，寡言早睡。

1938年7月30日

　　久不闻弈坛消息，《华字报》传弈乐园（九龙深水埗大南街一七一号）名弈已开，前三日卢辉对方绍钦二局（方先胜，卢先和），今晚冯敬如对方、卢各一局云。今我往矣，室是远而。未采比日何似，哀音通世变，词客似啼鹃。自制新词，耻入迦陵之集；何心流水，抗节索丞之歌（《十六国春秋》："索丞善鼓筝"）。行行重行行，田垠多远风。已入市中，访我弈徒。一月不见，如三秋兮。并有旧闻，咸出新赏。方绍钦传予三局，即上记对卢二局，及闭目胜冯敬如一局，殊难能矣。荃言从游，交存记室，予与方、卢二子论应炮二平六之法，皆以炮八平五为是，后二着为车九上一、马八上七，而不以予之马八上七为然。军前死生之言，岂虚语哉。又问应象三上五，仍以炮八平五为夺先正着云。是夕观冯敬如对方、卢各一局俱和，本来各用正着也。方绍钦云："先手者失一先则和，后手者失一先则负。"惟危惟微，惟精惟一，此事似乐而实苦，非经数年苦思难成弈手，自来善弈者多不出自四民之中，其有之，惟工者耳。人情好逸而不好苦思苦记，自今而后，恐无复有此一类人，如粤冯敬如、鄂罗天阳、苏张锦荣辈，识字无多，孤诣力学，取途虽拙，浸道实深。今后棋谱盛行，聪颖者不二三载可推名手，然今日名而明日不名，十着稳而一着或失，何也？以植根不固也，然亦终于此而已矣。予辈闻而趑之，凡百术学，莫不皆然，所谓气运为之，岂独弈人也哉。一夕之间，得五佳局，又拜嘉言，私为不恶。夜归犹未半也。

1938年8月1日

夜复与黄琼楼会师,适如今人所云:"直落四也。"出语人曰:"二马二车位于河底不动,车马不能事棋,二炮位于二八两线,不必先动,有子弹当其前,皆能发也。"自来如屏风马以及今名手开局多不妄动,炮位动则爆力随之,故除炮二平五以外,炮二平四、平六、平七及炮二上二,或炮二平三,后上四去兵等着,在今代开局中早成落伍之着,何也。炮二平七则占马位,平四平六则碍马蹄,上二上四则易受捉,而世人易炮难马,喜用炮攻,吾侪知其然也,遇炮平而不在五位者,则应以炮八平五以夺中兵,又兵三或兵七上一以阻其马路,遇炮八上二则进三七兵以遏其攻势,知彼则知己也,今夕彼多行炮二平四之着,故一论之(谱别存)。

1938年8月2日

晴。时黟,午八十八度。

铁老来报访,并还日记七册,为谂正四十余处,敢云嘉言之拜,闻过之喜哉。——签存,哺乃卒业。……

夜与黄琼楼约让先下二局,有可论之点二焉,其一为开局法,第一局,象三上五,炮八平五,马二上三,马八上七,炮二平一,车九平八,马八上七,兵七上一,应子前三着是当然,第四着(兵七上一)既不成局,亦非后手中炮之意,以布局论应炮二平三以夺先,论应车八上六,无论红兵上一与否,可以炮车之力扫射其列兵也。第二局,炮二平六,炮八平五,马二上三,车一上一,车一平二,马八上七,象七上五,车九平四,士六上五,车四上五,应子前四着是当然,第五着(车四上五)既不成局,亦非后手中炮之意,此时以炮二上四双夺中兵为是,红子有四种应法,车二上四则炮二平五,马八上九亦然,兵七上一则车四上五夺得中路,则彼炮六路已失其根,惟马八上七一着尚须求适着,仍是车四上五也。二局先手皆有象三上五之着,利用之以夺先,不先发制人则制于人耳。其二为局情,既不出制人之着,传所谓需,事之贼也。昨夕一局三十六着而擒王,今夕首局二百十八着方定鼎,入手既平平无奇,杀尽四车,士象皆全,以二子辅三兵为巷战之谋,势非挨户大索不为功。而次局且一路失先,伤及楷楯,甚非甲机之计也。胸无此二种之成局,临阵招架,思之不审,举棋不定,行成于思,毁于随,吾于弈事尤信。

1938年8月3日

　　方食，卢辉来告别。杜鹃啼不如归去，负绝伎如彼而传食之艰如此，盖不暇痛知音之难遇，伤门人之莫逮矣。馈以薄金祖君，南浦纵谈，比日对局，惠我良多，其评昨日二开局云："第一局黑第八着兵七上一是正着，第十着应兵五上一耳。第二局黑第十着炮二上五陷左马于无根，全局飘摇，不是好着，仍以车四上五为正，红马八上九则黑兵一上一，红炮八上一则黑车四下二，此时黑六子全局开展，红六子无可活动。"信乎，一字之师也。又观所与文雄对局（七月二十六日）云："彼艺非老师之敌也"（其艺属三等手）。第二局尤精芒四射，四十九着应以马五下六，得局者指顾间耳。深护波涛，善蓄光彩，西风东至，即空谷足音，一局片言，胜屋梁之落月。

　　夜观弈有约，卢辉告行，将坛减色，可无往矣。楼高看雁下，雨过觉山凉。非为从逸赏，方追塞外羌。子无愆期，在水一方。王霸挽车，伏女寨裳。子惠思我，置彼周行。赌舜小楼，观射堵墙。谁与棋者，曰黎（子俭）曰方（绍钦）。黎甫胜兵，识我于羊。并有名局，见赏曾黄。目之登台，与方争长。方方胜卢，称帝称王。矜其奇伎，不盲而盲。束巾障目，隅坐堂皇。车攻马同，仅赖口宣。奇师间出，我武谁扬。爱丧其马，而曰毋伤。何以谋和，一停一将。皆大欢喜，善刀而藏。王道易易，是君子之观于乡。弈人多擅不对枰之伎，曰闭目赛或曰盲战。是夕黎少年第二局先胜，方绍钦不闭目。一停一将或曰一闲一将作和，近年新定棋则也。

1938年8月4日

　　晴黯，不见天日。

　　积黯职晦，一向贪眼，觉来炊烟齐熟矣。南海之民，以巳申之初两饭为常。既饭，铁老以佳楮一束，来索最近日记一册去。

　　坐定犹思昨日之游乐乎，记毕午矣。就沈姓庄头（远源行）小坐，爱其习习也。即此一局，何事不了。虽未变名为庸，辄念昨游，能无伎痒，沈军推观洪为主帅，予偃卧支床，目不对枰，领先宣战，五十五合致命焉，全楼可闻抃手之声也。谱如下：

　　炮二平五（不对枰者先）　　马二上三　　马二上三　　兵七上一　　车一平二
　　马八上九　　兵五上一　　炮八平五　　车二上六　　炮二上一
　　兵五上一（嫌速）　　炮五上二　　马三上五　　炮五上三　　象七上五
　　车九平八　　车二上三　　马九下八　　马五上八　　炮二上六　　车九平八

马三下五	炮八上七	车一上二	炮八下二	兵五上一	士六上五
马五上六	马六上七	士六上五	马七下五	马八上七	马五上六
马七上六	马六下七	车一下一	车八平六	兵五上一	车六上六
马六下四	炮二下二	马八上七	炮八平五	帅五平六	兵七上一
兵一上一	兵七上一	兵一上一	兵九上一	车一上四	马七上六
兵五上一	车六上一	兵五上一	车六平四		

因进中兵太速，中攻失策，换子后以车马炮三子侧击，无着不精，盲人骑马，此为首试，亦如兰亭初写，恰到好处，或非射石没羽，不如少时也。达晚转战，剑拔弩张，冷饮一杯，清校各稿，十日以来，可得五十局，中多名谱，收获多矣。

1938年8月5日

连日苦战，午让沈五三先二局，殊费气力，又对观洪四局，思力不任矣。夜黄琼楼来下三局，第一局以炮二平五应象七上五，四十着时已大二兵，且夺得三先，一任单马度河反攻为守，终出于求和下策，骄心生则怠心乘之之明证也，可畏也哉。第三局以炮八平五应炮二平六开局为：

炮二平六	炮八平五	马二上三	车九上一	车一平二	马八上七
车二上四	车九平四	士六上五	车四上五	车二平七	马二上一
象七上五	炮二平三	车七平八	炮三上四	车八下一	兵三上一
马八上九	兵三上一				

至十四着已夺得先手矣，无端炮三上四自缚其车，甚于无根之子，以后接连二三十着所苦心回护者几乎皆为此子，信如刘豫州"为此乳臭小子，几坏我一员大将也"。此时以车四平三为是。

1938年8月8日

是日坐隐，高会一时之盛，予让沈五三先一局，四炮既发，专斗马兵，着着不落一等之下，想殊自踌躇满志也，又约文雄以炮二平六开局，中局马兵进法亦非三等手所能梦见，将写贻曾子并存此，兴之所至，道艺何分，壮夫不为，俳忧同畜[①]，亦此中人之伤心语哉。

对沈五（朝立）三先胜一局：

炮八平五	炮二上四	马八上七			
炮八平五	炮二平五	士四上五	马二上三	马二上三	炮五下二
马八上七	车一平二	马三上五	车九平八	炮二平三	炮五上一（上）
炮五上二	炮五上三	炮三平五	炮五上二	相三上五	兵五上一

马五上三	车八上四	车一平四	车八平七	马七上五	兵五上一
马五上七	兵三上一	马七上五	士四上五	车九上二	马三上五
车九平七	车二上四	兵七上一	象三上五	车四上六	兵五平六
车四下二	车七平五	马三上二	车五平四	车四上二	车二上一
车四平三	兵三上一	象五上七	马五上四	车七上一	马四下六
马二上三	帅五平四	车三平九	车二下五	象七下五	马六上八
象五上三	象五下三	兵九上一	象七上五	兵九上一	车二上一
车九上三	马七上六	兵九上一	马八下七	兵九平八	士五上四
马三下五	马七下五	车七上六	帅四上一	兵八上一	

对文雄先胜一局：

炮八平六	炮八平五	马二上三	车九上一	车一平二	马八上七
车二上六	车九平四	士六上五	车四上五	车二平三	马二上一
马八上九	车四平三	象三上五	车三平一	炮六上五	马七下九
车三上二	马九上八	车三上八	士四上五	炮六平七	炮二上二
车七平八	炮二平七	兵三上一	马八上七	象五上三	炮七上三
象三下五	炮七下一	车九平八	炮五上四	帅五平六	车一平四
炮八平六	兵三上一	马九上八	兵三上一	马八上九	马一上三
车八上六	马三上四	车八上一（上）	车一平二	车八上三	
象七上五	车八下七	车四平一	马九上八	兵三上一	炮六下一
兵三上一	车八上二	车一平四	炮七平九	马四上二	炮九上二
士五下四	炮九下六	兵三上一	炮六上一	兵三上一	象五下七
炮七上三	帅六上一	炮七下一	帅六下一	马二上四	士五上六
车四上一	帅六平五	车四上一	马八下六	车四下六	车八平五
炮五平二	车五上二	炮七平一	炮九上六	车四平三	象七上五
炮二上三	车五平九	车三上七	帅五上一	车三下一	帅五下一
炮二平一（开局第十六着车三平一，不无可议。）					

【注释】

①俳优同畜：俳优，旧指演戏的人；畜，畜养。把他当作演戏逗乐来畜养。

《因树山馆日记》 第十四册
(1938年8月14日—11月5日)

1938年8月14日

晴。午八十七度。

起来立街头，徘徊瞻眺。人以为甫自田间阅市来也，实则先生视而不见，特未许聒而不闻耳。市虎旁午，于我亦习之知稔矣。归而求食，殆素餐兮，彼之君子，不以泰呼。既饱，让沈大（观洪）二先会三局，和一胜二，比来觉得应二先之局，以炮二平五炮八上四为最难，应象则无从夺先，应八炮则常搏杀，四炮马兵用命费力孔多。午杜观因特来对局，甫完一局，日将晡矣，彼以马二上三开局，柔韧筹策，所争不及寸尺，凡百余合而后胜，所胜者一兵之力而已（二车二兵杀车马士象全）。虽玩愒时日，而欣赏不置。夜微醺，不复有鞍马之志矣。

弈友黄夕至。信手应之，吴生复以为清，云及乙夜，七易其局，终日不获一禽。视醉吟先生之自传，何如噫嘻，吾知免矣。

1938年8月20日

晴。稍热。午八十六度。

终日事棋，不获一禽，而心之所之，亦苟志于仁矣，隐而不书非纪实也。马前进兵中炮局，历稽名手成局，无不上双马，而后上中卒，急进者单上一马即摇旗迎战，何衍璿尝力戒予，谓有志成一等手则不应如此，昨文雄对局即用此法，予应之三局，胜、和、负各一，兹记开局而论列之：

(一) 炮二平五　马八上七　马二上三　兵三上一　车一平二　车九平八
　　 兵五上一　士四上五　兵五上一　兵五上一　车二上五　炮八平九
　　 车二平五　炮二平五（展鸿圈是局胜，四月四日）

(二) 炮二平五　马八上七　马二上三　马二上三　车一平二　车九平八
　　 兵五上一　士四上五　兵五上一　兵三上一　炮八上四
　　 兵七上一（应炮八上四。是局和，八月十八日）

(三) 炮二平五　马八上七　马二上三　马二上三　兵五上一　士四上五
　　 兵五上一　兵三上一　马三上五

兵五上一（应兵七上一。是局负，八月十八日）
　　名手对局，未得单马进兵之例，有之惟姚邑（应是姚安）吴梅圣《新梅花谱》（一名《饶先秘谱》）第三局屏风马破当头炮进兵着法。
　　开局：炮二平五　马八上七　马二上三　马二上三　车一平二　车九平八
　　　　　兵五上一　士四上五　兵五上一　兵五上一（接二变）
　　本着：车二上五　兵五上一　车二下一　相三上五　车二平五　车一平四
　　二变：马三上五　炮八上四（变四）　马五上三（接三变）　兵七上一
　　三变：兵五上一　马三上四　兵五上一　炮五下一　炮二下一
　　四变：马五上七　炮八下一（变五，变六）马七上六　车一上一
　　　　　炮八平六　炮八下二　马六下四　兵七上一
　　五变：士四上五　兵三上一　马七上五　炮八平一
　　六变：士六上五　兵三上一　马七上五　炮二上七　车九平八　炮八平二
　　本局凡十变，因止论开局法，故不具录，但即上三局中二三两局与吴谱较量之。
　　二局自（十一着）炮八上四，黑改应炮八上四则炮八平三，象三上五，兵五上一，马七上五黑子已得三先。
　　三局自（九着）马三上五，黑改应兵七上一则兵五上一，马七上五，炮五上四，马三上五，炮八平五，马五上六黑至此亦得二先。
　　然则吴谱于开局十着之内，第九着兵五上一应法可增兵三上一之一种，此着近日黄松轩、钟珍屡用之，至黑炮八上四与兵七上一松轩尤擅场，欲使五路之兵消失足力也，不然用兵五上一在红军自以进车为得策，原谱正局亦甚平凡，今人稿有深入者之处，予之知今未化，亦如读《尔雅》不熟，几为食旁蟹死。综此开局而言，先手以单马迎战，究非布阵正法，有此一隙，攻之之道思过半矣。自橘梅二谱创为全局正谱，以梅花谱继迹者并此而三，要之皆假定一弱着于其中，特尤令观者易知之耳，于是正变奇变策应自如，其为人也多。暇日者欤，不废小道，亦博约而详说之如右。

1938年8月21日

　　弈侣黄昏来，改以二先为请，先生倦矣，余勇可贾，凡易枰三，得一佳局，予前书二先局以横直炮劫中兵为最猛鸷，以炮二平六马二上三为最难应对，今夕以马前兵御之，敌我戈矛，用兵并精，心之所属，不从割爱矣。
　　对黄琼楼二先胜：
　　炮二平六　兵七上一　炮八平五　马二上三　车九上一　车一平二
　　马八上七　马八上七　马二上三　车二上四　兵五上一　象七上五
　　马三上五　炮八下二　兵五上一　兵五上一　马五上七　士六上五

马七上五	炮八平七	马七上五	马三上五	车一平二	车九平八
炮二上四	车八上二	车九平二	车二上二	马五上六（下）	
炮六上二	马五下四	马七下六	炮二平七	车八平六	士四上五
车二下二	马六上七	炮六平三	炮五平七	炮三上三	炮七下四
马五下三	马四上六	车二下二	马六上七	车六上四	马七下五
车六平三	炮七平五	车三平五	马五上三	马三上四	车二平四（上）
象五上三	马二上四	马六上五	车四上八	士五下六	马二下四
帅五上一	车二上八				

（覆按红炮六平三（三十八着）应有马七下五之应着在，不须炮五平七，且红车六若上四去马则马五下六双捉车矣，炮五平七大误。）

是夕凡三局，局终复自论定者如此，碉楼三更矣，旅梦亦成，枫林未黑。

1938 年 8 月 24 日

是日，对沈大让左马二局俱胜，录第二局：

炮二平五	炮二平五	马二上三	兵七上一	炮五上四	士六上五
炮八平五	马二上三	炮五下一	马八上七	车一平二	炮八平九
车二上六	马七上六	车二平四	马六上七	车九上一	马七上五
象三上五	炮五上一	马三上四	炮五下六	马四上六	炮九平八
车九平二	炮八平七	车二上六	兵三上一	马六上五	相七上五
车八平七	马三上四	士四上五	车九平六	车七平六	车六上二
车四上一	马四下三	车四下一	车一平二	帅五平四	马三上五
车四平五	兵三上一	车五平四			

1938 年 9 月 2 日

午叩曾庐，户外屦二，犹贤室主方与一少年（黎子俭）争一角之棋，洞里橘中，别有天地，款予隅坐，重与推敲，一阕既终，请君拨管，重有远行，未将命也。主人言目疾未疗，度门盈月，颇复有所述造不，则出近著《让子新局》一卷。

让双马取优势法十二局。"车一上一"六局，"炮二上二"五局，"炮二平五"一局。

解"让双马单边凤[①]"法六局。

让左马四局。计用"进兵局胜单提马"法，用"当头炮胜单提马"法（三变局），用"当头炮破进七兵后单提马"法（二变局），用"当头炮破进炮封车单提马"法（三变局）。

连夕以单马让人，检积局二十余，几与曾、黄今局十符七八，未尽者未敢以车受封，如第四局。私幸吾术乃稍稍有进，入门造车，出门合辙，又感良友知无不言，当并录入曾、黄传授《名谱》中也。即兹小道，亦从我游，道不虚行，言必有中，辙镮②半天下矣，未知后之视今又是如何。

【注释】

①单边凤：对局时的一种封锁战术。指一方运用车、炮迅速占领对方的下二路，控制其边翼车、马的活动，再配合其他兵力，从而得势。局势为从一边封住对方子力，取"单边封"的谐音而得名。

②辙镮：喻周游各地。

1938年9月4日

三记弈工语。弈之法有急攻、有缓攻、有不攻，不攻者非不攻也，以不攻为攻也。急攻主用炮，缓攻主用马，不攻主用残兵。今代之弈手，技至用马称一等矣。若夫深其沟隘，高其闬闳，不求胜人，先立于不可胜，敌求速胜，则愈竭其气，速其败。彼竭我盈，我纵不攻之而彼已困矣。我所盈者往往在一二残兵，不待远征而已。舆榇自归，肉袒泥首，试问今之弈工，谁负此身手哉。此法纯属内功，其致力良苦。但即用马言之，朝宫马为开局应战，背宫马为中局应战（单提马），压宫马（转角马或曰缠角马、穿宫马，潮曰软脚马）之为残局应战或终用守局，此理无人识也。不欲我马急冲涉岗渡河，而压宫之马扬勒最难，不令离槽利乃倍焉。洎乎原野底平，举足而定，不攻之攻，兵法为上者也。留图谱数纸，定五横线，曰本位线、咽口线、进宫线、分津线、河头线，中路攻守以四六两纵线为重要，侧面攻守则在二八两线，敌急冲侧击而来，则握守分津线与锁喉线。明乎此者，临局可省思力云。理者人心之所同，弈人谈理，无如此剀切着明者。

谈次与之对一局言和，不外弃马陷车局之一变局，别存《外集》（八册三百四十局）。

1938年9月6日

偶对客一局，有可资论列者，客先其开局如下：

红：炮二平五　马二上三　马八上七　兵五上一　马三上五　兵五上一
　　马七上五　炮四上五　炮八平三　炮五上三

黑：马八上七　马二上三　兵三上一　兵七上一　马三上四　马三上四
　　马四上五　炮二平五　兵五上一（应炮八上四）　炮五上四

马前进兵自来应以士四上五，吾粤黄松轩、钟珍辈改应兵七上一，予学步至此失先失局，夫让先不能即夺先，尚在理中，若至失局，则得先者利亦大矣。此局虽终得胜，究是残局工夫，论开局兵七上一何为也哉。彼炮八上四纵不得子亦夺二先，是亦小道之心传也。

夜沈成志伻馈饼食，来自入里，多味油然。为沈观洪书便面，五十日来弈侣也。

1938年9月16日

释二先：

二先之法应有炮二平五、炮八上四，其二炮二平五、马二上三，其三炮二平六、马二上三，其四炮二平六、兵七上一，其七马二上三、兵三上一，其六兵三上一、炮二平四，其七马二上三、炮二平一。

应二先之法其一炮二平五，其二马二上七或炮八平五，其三、其四同局，炮八平五，其五兵三上一，其六炮八平五或兵七上一。

所见止此数种，不出先行马炮兵三子，行士象则舛得先之旨，一五两路之兵无先行之理，马行一着，车亦无与横上之者，故云然应法以顺炮为多，欲横上九路车，争先也。既让二先，自非正敌，于后手少斗炮之理，尤当别论，况第一局几非顺炮不足夺先。三四六诸局因其士角炮绊一马，故中炮以争其中路，第二局自以屏风马应法为最正（周德裕尤善），顺炮则谢侠逊喜用之，然所见成局无甚得手之处，比日多以此应客，各谱少及此者，故综释之如右。

应局之法固非无穷，然结合错综之数亦颇大，开局第一着例有炮二平五、马二上三、兵三上一、炮二平六、炮二平四、炮二上二、象三上五等七种，每一种应法最少二种，至第十一着最少有 2^{10}，即一千又二十四种，更后十着至第二十一着最少有 2^{20}，即一千乘一千凡一百万种。开局至二十着左右方入中局，今欲综列十一着前局势，是最少有千种，至二十一着是最少有百万种也，倍以第一着七法是七百万矣。人每问可以算学驭之乎？科学之能亦仅及此，至于何着为善，则非所问也。不过科学之方法告人以演绎、以归纳，又有矛盾法、分析法、对偶律，弈工固不知此，以其累劳积习，自有合处，吾党今日仍在每一着之下，以何着为最善下功夫，进焉者连合二着三着以上，为何最善究竟是术而不是学，今世以文学科学分途，则宁于科学云云已耳。

1938年9月17日

陈景汉自羊过从，会弈至深夜，昔闻弈工朱剑钊言以"单提马御让单马"立于不败，予亲见其对卢、赵二局，果如其言，卢之单提马局，能抗之者在三等手中已不算弱兵。黄汉不纳朱言，与之战二局（七月大东），胜负各一。今日告曾广扬如法应局（炮二平五，马二上三，马二上三，马八上九），予遂觉攻局之难，右车直出则多阻，横出则右翼空虚，第一局直车致负（四一七局），第二局横车虽获胜，然转战弥苦，皆九路马保卫之力也（四一八局）。夕与黄、陈共坐，夫子何为东坡所不能者二事之一。

1938年9月22日

思比日对客坐隐，妙着横生，如用新式屏风马对中炮（对陈国蘅）开局：
陈：炮二平五　马二上三　车一平二　兵七上一　马八上七　马七上六
　　士六上五　炮八平六
黄：马八上七　马二上三　车九平八　兵七上一　象三上五　炮八上四
　　士四上五　炮二上三（胜）

黄松轩屏风马多先上三路兵。周德裕则多俟先手上三七兵之一。始上一兵，先手者兵七上一，则我亦兵七上一，是曰新式屏风马，上开局即用之。又检周《对局选粹》，中有二局势相似者，开局为：

万（启有，江宁）：炮二平五　马二上三　车一平二　兵七上一　马八上七
　　马七上六　马六上七　炮八平七
周：马二上三　马八上七　车九平八　兵七上一　家三上五
　　炮二上三　炮二上一　炮二平三（和）
卢：炮二平五　马二上三　车一平二　兵七上一　马八上七　马七上六
　　士四上五　炮八平六
周：马二上三　马八上七　车九平八　兵七上一　士四上五　炮二上四
　　象三上五　车一平二（胜）

予上局应法乃兼周氏二局之长，周上局十二着之炮二上三，终于上一平三为负此炮。卢下局前十五着几全同，第十六着卢车一平二又大负。此横轨已通之车，名手亦非着着尽善。续演陈国蘅先对黄际遇：

马六上七　炮二上一　车九平八　炮二平七　车八上七　车一平三
车二平一（弱）　兵七上一　炮六平七　炮七平一　马七上五
象七上五　炮七上五　马七上六　马三下一　马六上四　马一上二
车八上六　兵五上一　兵七平六　炮五平九　兵六平五　车一上二
炮一平五　象三上五　兵五平六　车一平四　马四上六　兵一上一
炮五下二　兵七上一　车三平四（缓）
车八下五　象五上三　炮七平三　象三下五　炮三下六　车八上一
车四下一　车八平七　炮三平一　车七上一　炮七下一　车四上八
车四上三　车七上一　炮一上五　车四平五

兵七上一之威适露于红车失先之时，五步之内血溅王庭，释甲踌躇犹满志也。

1938 年 9 月 27 日

今人棋艺为第九级，以一马为三级，曰分先，曰一先二先三先，曰让马（不让先），曰一马一先，曰一马二先，曰一马三先，最低者让二马，又再让先则不入级矣。艺经之第棋品也，亦九：一曰入神，二曰坐照，三曰具体，四曰通幽，五曰用知，六曰小巧，七曰斗力，八曰若愚，九曰守拙。《南史·柳恽传》："梁武帝好棋，使恽品定棋谱，登格者二百七十八人，第其优劣为《棋品》三卷，恽为第二焉。"《陈书》云："梁武帝诏校定《棋品》，到溉、朱异以下并集。"

1938 年 10 月 1 日

夜思曾展鸿有杀单提马弃炮陷车法若干变（见前月日记），予欲用以施于让单马之时，开局十着用黄汉（让左马）对朱剑钊法，即：

炮二平五　马二上三　马二上三　马八上九　兵三上一　车九上一
车一平二　炮八平七　车二上七　象三上五

黑军弃七路马取之乎，抑忍之乎，枕上腹局成其大略，若夫润泽之则在曾与黄矣，此中果有一真理在，则正变奇变皆资之左右而逢源，思之思之，耿耿不寐，假睡无何，东方初白。

1938 年 10 月 2 日

晴。间雰。

久不早起，懒与习成，投袂而兴，蹑屦而东。今我来思，言从之迈，犹贤之馆（疑是曾展鸿自号），一衣带水间耳。欲以新知就正，有道迷途未远。晨光尚微，招荃侄随行。野望近郊，料量秋豫。潮添江色，雁送新声。百钱买车，望山而发，言及山麓，暂驻襜帷。睹万木之翁茸，宛蜿蟺①之环拱。以斯荡荡，当有佳城，车子告予曰：此侯王庙也。杨国舅亮节护宋帝南渡死于九龙，土人卜地为庙以祀之云。登阜瞻谒，香火殊王。摸碑寻碣，有东莞陈伯陶（先兄荪五君业师）碑记（民国六年），亦云杨淑妃二弟曰亮节，曰如珪，由侯封王，扈跸于此，《元史》不载，更彰其节。乌乎，三军有夺帅之时，我心匪石，故国非乔木之谓。在天为星，仰止非遥，罨然久之，就庙旁茶舍，且坐亦佳，东方向明，饮此者不能，数客呼食，则突未黔也。但无逐客，自有嘉宾。依人篱边，弭君垒块②。淇水千竿竹，乾坤一草亭。权作主人，暂与忘世。吴莼几熟，客子无家。秋草未黄，桥霜有迹。呼酒当莽，披襟当风。诚不意陬海之间，冶游之所，留此清旷之一席，撼复③邈之予怀。更尽一杯，不知何时石门晤也。念壕镜匪遥（其地有天后宫，土人呼为妈阁，译名：Macao），故人宿约。克来复以为期，聚信宿之春粮。叩曾庐讯黄松轩宅所在，是亦今之方子春在东海中也（澳门下环围七号二楼）。曾子方与一少年（黎）弈，记其二局，并皆佳妙（四九六及四九七局），弈罢同舟渡峡，夜造谱未成。

【注释】

① 蜿蟮：蚯蚓的别名，又名"曲蟮"。
② 垒块：比喻心中郁积的不平之气。
③ 夐：假借为"远"。辽远，距离遥远的。

1938年10月5日

黟。四日来积雨四寸，汗水，水潭得一万万吨云（千六百斤为一英吨）。

松轩自妈阁复函，约相见濠江①之岸，然则此行决矣。

张作人来书，拳拳将意云："近亦学为日记，曰《觉丽园主日记》，已成二册，未敢示人，属为签题，以志道随之意。"信吾道之不孤也。晡会沈氏群从大酺。让左马用中炮破左单提马弃炮陷车局。自香山曾展鸿有全局破弃炮陷车局之着，予欲以用之于让单马之时，积思数日，迄未全稿，就所得者先录之。

开局十着用黄汉对朱剑钊（六月十九夕东山酒店）法，时朱言以单提马局立于不败之地，黄汉应声上马，开局如下（凡三局，其第二第三两局均同）

（编者注：此处缺三页）

1938年10月11日

过江余热弥重，入夜当户而卧，梦亦不酣，思人事之不常乃有如是。松轩于昨年五月授予全谱，且谓予曰："行将与子对弈矣。"居无何而难作，朋侪离散，不遑厥居，彼则涉胥濠江，书问致左，未审吾术进退何似。或者从此扁舟散发，山岳修隔，相见无期。卒定计买棹相从，寻十日平原之约，出疆载谱，修三尺程门之诚。属疾起须臾，苦深深溺，虚悬仲举之榻，空回子猷之舟。但见其药里一隅，请祷百出，不无怵然，于及秋之草，冷冷晨露，临溪之板，飒飒寒霜。昔海宁范西屏、施定庵负围棋绝伎，游誉乾嘉公卿间，及今未衰。据冯汉叔言，不过今之三段，施氏之弈理指归可覆按也。松轩中炮局之犀利，海内第一（谢侠逊言），诸所造诣，颖妙绝伦，不惟迈今，实且越古。每与冯敬如、陈镜堂对局，时出锐着，可广梅橘两谱所未及，而其委细缜密之旨，古人可作，当亦颡①首。所录藏局千余，松轩之谱可三之一，此遂为其遗笺劲羽矣乎。时方多难，百业不奠，是区区者更何足道，然而一术之至，鬼神如告，畸人之行，山川之灵，知此者希，以书发之。

【注释】

①颒：同"俯"。

1938年10月13日

南中晚报言八省棋王黄松轩以昨十二日殁于澳门，妻妾二人，子四女子子二并幼。萧条流落，顿失斯人，弈界同人将会而追悼之云。八省棋王，云者以胜七省棋王江都周德裕得名，前七年周与万启有代表华东五省与华北张德魁（北平）、赵文宣（辽宁）会师上海获魁，其曹南下以来败于黄，益积不相能，此自无与乃公事术之媕恶自得之耳。

日落崦嵫，方与客弈，有人手晚报言黄七竟死，楼下亦传电告予。黄七者松轩绰号，旗下七本汉旗，以七行也。而今已矣，三年结好，欢逾廿交，千谱传灯，义深死友，会世乱，弈人子弟散在四方，君走濠江，我沦香海，我不果去，彼不肯来，未必恐旦暮死，而常抱无涯之戚也。卒以秋中令节，杭苇视君，而君之疾革矣。执子之手，喑①不能言，尚冀终子之生，未必毕此三面，顾中心如捣慼②焉，忧之所见，弈手多矣。惟此黄信有述造之才，每以对局，与古谱较其不同者，必有戛戛独造，突过古人之者，破屏风马弃炮陷车局几及百变，尤为弈艺之文献之传。吾友何衍璿言今之胜古，斯言而信，非松轩不当此也。得剧孟者若敌国，过大梁而思夷门，天不爱才，人能弘道。上焉者纡青带紫，下焉者垂帘卖弈，借术自活，而往往能启造物之秘钥，发人心之同然。私爱其才，深虑不寿，濠江言返，随感而生。松轩于我同年生，后予三月，灰尘残炬，不任东风，鸳羽豹皮，同付逝水，比日秉记，意常不广，心所谓危言之再三，诚不意天之夺之如是之速也。废然一榻，吊之以联，并束展鸿、衍璿，分为收拾遗稿，嗟乎，我昨日尚去书问疾，申重来之约也。静言身世，如何可言。

垂死犹约故人来兮，鸡黍赴隔年，知我深于孔北海；

论才当与天下共之，橘梅无完谱，得公何止范西屏。

【注释】

①喑：哑，不能说话。

②慼：忧郁，伤痛。

1938年10月14日

所治单马弃炮陷车局，客有举炮二上二仰攻者，应之以备一变（接十月五日日记）。

炮二平五　马二上三　马二上三　马八上九　兵三上一　车九上一
车一平二　炮八平七　车二上七　象三上五　车二平三　马三下五
车三平一　车九上一　炮五上四　车九平六　车九上一　炮二上二
炮八平五　车六上四　兵五上一　炮二平三　马三上二　炮三上五
士六上五　车一平二　马二上三

1938年10月17日

　　让单马局，曾、黄传谱四局，皆对以单提马应者而言，先手之利多在马前进卒，自黄琼楼用炮八上二（后兵七上一），予遂不敢牧马窥边者，恒月于兹思之，思之马前进卒何惮之有，欲拟谱而未果，往来于胸中，今夕果对得一佳局也，截存开局以备着录。

炮二平五（得先）　马八上七　马二上三　车九平八　车一平二
炮八上二　兵五上一　象三上三　兵五上一　兵五上一　马三上五
兵七上一　兵三上一　炮二下一　兵三上一　象五上七　炮八上七
车一平二　车九平八　士六上五　车八上七　马七上五　马五上四
马五上三　马四上三　车八上二　车二上五　车八上二　马三下二
马三上四　炮二平八

　　让一子反胜一子（车马炮对车马），不待交绥矣，但此全局尚演至百又九着，黄力非弱也。

1938年10月20日

　　释让应炮二平六，马二上三法。应炮二平六单先用炮八平五自《橘中秘》至黄松轩未之或改也，予推之以应黄琼楼二先，月来几盈百局，自前夕黄变着为炮二平六，马二上三，车一平二，车二上四，车二平六，遂使予之炮八平五，马八上七，车九上一之后车札不能平四，且非士四上五不可，思屏风马可应百局，如右马炮炮二平五，马二上三二先官着，应马八上九车马炮三先时亦马八上七，何为对炮二平六，马二上三之二先而独不然，因布成开局。

炮二平六　马二上三
马八上七　车一平二　车九平八　车二上四　炮八平九　车二平四
马二上三　兵七上一　兵七上一　马八上七　象三上五　象七上五
士四上五　士六上五　兵九上一　炮八下二　车八上六

　　至如干着，方推想至红士六上五时，黑子无一可进，车八上六则太先，炮二上四则失先，红应兵三上一则此子落空，曾侄问如何，答曰惟兵九上一通七路之马迹，为最高手。谚云："无行须攻卒"，此乃甚时也。晚以之应三局，闭门造车，出门合辙，第三局尤称善，如所期者至三十一着，事有必至，理有固然者，可以前知至于若是，与曾侄相视而笑，自喜创一新局也，因录存一局，以征后日尚有改易否。（黑子应局中，兵七上一再思以为不可，以自阻左车之路也。后十日自注。）

炮二平六　马二上三
马八上七　车一平二　车九平八　车二上四　炮八平九　车二平四
马二上三　兵七上一　兵七上一　马八上七　象三上五　象七上五
士四上五　士六上五　兵九上一　炮八下二　车八上六　兵三上一
兵七上一　车四平三　马七上九　炮八平六　车一平二　车九平八
马九上七　炮六上一（上）　车八上一　马三上二　炮九平七
车三平四　炮七上七　象五下三　车八平三　马二上四　兵五上一
车八上六　兵三上一　兵七上一　车三下三　车四平三　炮二平一
车八平四　炮一上四　车三平九　炮一平二　车九下四　炮二上四
车九平八　车二上九　车四上二　象五下三　兵五上一　车二下三
炮六下一　车二平六　炮六平三　象七上九　车四下三　马三上二
炮三平五　兵五上一

（第十四着红车不平四而上三兑车亦难守和）

（眉批）后四日一局，前十九着全同下为：

炮二平六　马二上三
马八上七　车一平二　车九平八　车二上四　炮八平九　车二平四
马二上三　兵七上一　兵七上一　马八上七　象三上五　象七上五
士四上五　士六上五　兵九上一　炮八下二　车八上六　兵三上一
下为：
马七上六　兵三上一　马六上七　兵三上一　车四平七　兵三平四
炮八平七　马三下四　兵三上一　炮二平三　马七上五　象七上五
炮七上五　马四上三　车七上三　马七上六　车七下三　兵七上一
车七平三　车八平七　车三下一　马六上七　炮八平六　炮九平七
马三下一　兵四平五　车九平八　兵五上一　象三上五　马七上五
炮六上一　车一平四　车八平六　马五上三　马一下三　车四上六
马三上四　炮七平八

1938 年 10 月 24 日

晴。是日霜降。

羊大火。……

释应二先炮二平六，马二上三法之二。前四日所设开局应法屡试不爽，于是琼楼变车二上四为上六，因得：

炮二平六　马二上三　马八上七　车一平二　车九平八　车二上六

此时应法有二种，合辙之车，闭户造之可也。

（甲）车二上六　马二上三　兵七上一　兵七上一　马八上七　士四上五
马七上六　炮八平九　车二平三　炮九下一

（乙）车二上六　兵三上一　马八上九　马二上三　象七上五　象三上五
车九平七　士四上五　兵七上一　车一平四　士六上五　车四上四（此局尚未试用）

1938 年 11 月 4 日

夜与琼楼对三局，第一局二先，第二局让马并得局，第三局试饶三先，以炮二平五，马二上三，车一平二开局，仍以马八上七应之，卒亦得局，但中局前费力不少耳。近日不让步则不肯用心，亦一蔽也（附卷末）。

1938 年 11 月 5 日

补录前二日佳谱，念吾家松轩甚矣。

马二上三（杜观因先）　兵三上一　兵三上一　马二上三　马八上九
炮八平五　炮八平六　马三上四　象三上五　车一平二　车九平八
炮二上五　炮二平一　马八上七　车一平二　车九上一　车二上五
马四上五　马三上五　炮五上四　士四上五　车九平六　炮六上二
车二上五　车八上二　车二平四　车八平六　车四平七　车二下五
车七上二　炮一下二　兵七上一　车二下五　车七上二　炮一下二
兵七上一　车六上二　兵七上一　车六平五　车六上五　车二平四
车七下一　兵九上一　车六上三　帅五平四　车七平六　帅四平五
兵七平六　车五平六　马七上六　车六下一　马六上八　炮一平三
马八上九　车六平五　马九上七（先手第五着用左单提马即补行中炮直攻到底）

让杜观因左单马胜：

炮二平五（得先）　马二上三（杜）　马二上三　炮八平五　车一平二
马八上七　车二上六　车九平八　车二平三　士四上五　炮八上二
马七下九　炮八平七　马三下四　车九平八　炮二平三　炮七平三
车一上一　车三上三　炮三下一　车三下三　象七上九　车三上一

车八上六　炮三平九　炮五平一　炮五上四　象三上五　炮九平五

象九下七　车三上三　炮三平二　车三下三　象九上七

炮五下一（上）　车八下二

车八上五　兵七上一　车八平七　炮二平三　炮五平三（下）

马七下九　炮三上一　车八下二　车三平一　马九上七　车一平三

炮一平三　车七平六　炮七上七　士六上五　炮三上一　帅五平六

车一下一　车三平九　车一平二　车九平六　马四上二

车六平八（上）　车二平四　车八上二　车四上四　炮三平六

马七上八　车八上一　炮七下二（下）　炮六平七

从第十一着起即占尽先手，十八、二十、廿二诸着微妙处，非解人不解，三十着尤妙。

让黄琼楼左马胜：

炮二平五　马八上七　马二上三　炮二平四　车一平二　车九平八

车二上六　兵七上一　兵五上一　象七上五　兵五上一　兵五上一

马三上五　士四上五　炮五上三　马二上一　炮八平三　车一平二

炮三上三　炮八平九　车二平三　车八上二　车三平六　马七上八

车六上一　车八平七　炮三上三　车七下二　车六平五　帅五平四

车五平九　车七平六　马三上四　车七平四　士六上五　炮九平二

炮五平八　炮二平四　炮八平二

让黄琼楼三先胜：

炮二平六　马二上三　车一平二

马八上七　车二上四　车九平八　象七上五　炮八平九　车二平四

兵三上一　兵七上一　车八上四　炮八平七　象三上五　炮七下二

马二下一　马八上七　兵三上一　车四平七　车一平二　车九平八

兵一上一　车八上六　炮二平四　车八平九　车二上二　士六上一

炮九下一　车七上四　士四上五　车七下四　士五下四　车七上四

士四上五　车七下四　炮四下二　兵三上一　炮一平四　车九平六

马一上二　车六平九　炮一平三　车九上三　车二平一　车九平八

车一平四　炮七平六　车四平一　车七平三　马二下三　车八平九

士五下四　马七上六　炮九平一　马三上四　炮一上五　车九平七

象五下三　马四上六　马三上四　炮六上三（上）　炮一上三

炮六下二（下）　车八平五

《因树山馆日记》 第十五册
（1938年11月13日—1939年3月2日）

1938年11月13日

夜对客二先炮二平五，马二上三四局，其一局争先殊有家数（附后）：

炮二平五　马二上三（客二先）

马八上七	车一平二	车九平八	车二上六	兵三上一	马八上七
马二上三	兵五上一	士四上五	马七上五	象三上五	兵七上一
车一平四	兵五上一	兵五上一	炮五上三	车四上七	炮八平七
炮二上一	车二平三	马七上五	车三下二	炮二上一	炮五平八
马三上二	车三平二	兵三上一	车二平七	马二上四	士六上五
车四下一	车九平八	炮八上三	车七上四	马四上六	炮六平四
炮八平五	象七上五	车八上四	车八上八	车八平四	车八下四
马五上四	车八上五	车四下五（下）		车八下七	车四平五（上）
炮四上七	马六上七	炮四下八	车五上一		

近日应此二先诸局，以此局为最正着。

1938年11月14日

晴。薄阴。晨六十六度，夜枕多寒。

持扯泪午，温韩文自遣，三日不读书，吾家鲁直所深戒。非无良朋，只汗颜耳。

晡自酬一卮，与伯畴老人共坐，又乐观予弈，乃以盲棋法对黄琼楼二先，隐几应之，以资拊扑也。……

不对枰应客二先一局（和）：

炮二平五　马二上三

马八上七	车一平二	车九平八	车二上四	马二上三	兵七上一
炮八平九	车二平四	车八上四	马八上七	兵三上一	车四平六
士四上五	兵五上一	兵三上一	车六平七	马三上二	炮八平九
象三上五	马七上五	车八平四	兵五上一	车四上一	兵五上一

车四平三	马五上七	马七上五	马三上五	马五上四	马五上六
马四上五	象七上五	象五上三	马六上四	炮九平六	士六上五
车一平四	车九平六	车四上九	帅五平六	炮二平一	炮九上四
马二上一	马七下九	炮一上四	炮九平三	炮一平九	

以正着应之，草草言和了事，然应车二上四之局，尚觉以此局为正，不意得于闭目中，故特存之。

1938年11月19日

晴。

晨记毕，客至自午达戌对局及十，高佰昂下子殊紧细，与坐三局，让先二局俱胜，得先一局负，殊负此先手（录第三局），让黄琼楼单马又让马先二局亦佳，存别集（七五七及七五八局）。

炮二平五（高先）	马二上三	马八上七	车一平二	车九平八
马八上七	兵三上一	兵三上一	马二上三	炮二上四	车一上一
士六上五	车一平六	炮八平九	车六上三	车九平八	炮二平一
车八上六	马三上四	车八平六	马四上三	炮九上四	兵七上一
兵三上一	车六平七	马三上四	马七上六	炮九平五	士六上五
炮五下一	车七上一	马四下六	炮一上二	车二上五	兵三上一
马六上七	炮一平五	车二平四	车七上二	炮二平五	

1938年11月23日

晴。是日小雪节。

日坐灯下，胡伯老躬瀹新尖，涤古器，拳拳相款，为过三爵。

夜就客坐对琼楼三先二先各一局，颇用自喜，舍此亦无可报最者。

炮二平五	马二上三	车一平二			
马八上七	车二上六	车九平八	兵七上一	马二上三	马八上七
兵七上一	马七上六	士四上五	炮八平六	车一平二	车九平八
炮八平九	车二平三	炮九下一	车八上六	车八上五	马六上四
炮九平七	车三平四	马七上六	车四下一	象三上五	象三上一
车八平三	象七上九	车三上一	兵九上一	炮二平一	车八上三
马三下二	炮五平四	马二上三	炮五下二	车三上一	士四上五
车三平一	车四平三	炮一下一	象三下一	马三上五	车三上一
马五上三	炮六平五	车一下二	车三平七	帅五平四	马三下一

车一上一　炮五平二（上）　车一平五　炮二上五　炮一平二
车七平八　马三上二

第二局：炮二平六　马二上三

马八上七　车一平二　车九平八　车二上四　炮八平九　车二平四
兵三上一　兵七上一　车八上四　象七上五　马二上三　马八上七
象三上五　炮八下二　士四上五　炮八平七　兵三上一　车四平七
马三上二　士六上五　车一平四　炮七平六　车四平三　车七上五
象五下三　兵九上一　象三上五　兵九上一　炮二平一　马七上八
炮一上二　炮六平八（上）　车八平六　兵三上一　兵七上一
兵三上一　车八平七　马三上四　炮九上四　炮六平八　马二下三
马八上七　车七平三　马七下九　兵一上一　炮八平六（上）
马七上六　炮八平六　马六上八　车九平八　马八上六　马四下二
车三平八　马二下四　炮九平五　车八上三　车八平五　车八上四
车五平三　车八下四　车三平五　车八上一　炮五下一
炮六下一（上）　兵九上一　马四上二　兵九上一　车八上三
马三上二　马二上四　士五下四　马四上三　车五平七　马三上四
士六上五　马四下五　车七平五　马五上三　炮五平二

以上二局不及二小时，尚嫌太速。闻钟珍、周德裕续对五局（一局和二、三局各胜一局），第一局一百七十八着（采入七七二局），达夕不完，翌晚始和。钟用中炮河车与对予之局同。周第十六着用马三上二，予用马三上四，似周着为正，盖一方可当红九路车也。全局俱正着，善用兵者无赫赫之功，时人耶得知之。

1938 年 11 月 24 日

午观因来，坐对并无佳局，于我心有戚戚焉。纵不言，未能遣此耳。哺曾展鸿来，小约旦日再见。

1938 年 11 月 25 日

晴。

潮安卢锭羽，年少颇有弈名，《华字报》屡见卢定五新残局，周德裕为校正者是也。萧汉卿浼予往弈，至再至三，雅不欲往，今日偕来一较身手，引而去之，是谓我非夫也。姑让一先，历二小时乃毕一局，往复七十八合而止，彼以象三上五开局，依周德裕法用兵三上一，江东人颇善柔攻法也，松轩仍主明人成法用炮八平五，劲敌当前，目逃非勇，深沟应之而已。哺展鸿来读局，欣赏无已，且云卢艺似不止三等也，语及松轩死状，特死于医耳，尚有残稿百余局，存梁拔公处，其余则我两人尽有之矣。死固可痛，然死亦大佳，松轩存城西古屋数栋，亦几荡然无存，脱今不死不知叹惋若何，生计飘飘，恐逸世之技或不免才尽之叹矣。初更同舟渡海及曾庐，获诵主人近记名局盈百，予局乃有入录者，而松轩对澳门名手黄苏四局，怀然在目。嗟乎，此遂为其绝笔也。已怀而往弈乐园，见羊城旧识者十余辈。近乡情更怯，不敢问来人。兵马之余，只谈风月，二更众炬毕灭，亦一如大敌当前，展鸿诸人扈送登车，车行黑市，蜿蜒不前，寻焉而画，林下停车，万物无睹，车内复无他客，忆有因是子静坐法者，此时正大有受用处，比抵庄头，夜已分矣，枕上弹指，犹如布子，然舍人有闻予推敲之声者。

象三上五（卢定五先）　炮八平五　马二上三　马八上七
炮二下二　车九平八　炮二平三　马二上三　马八上九　兵三上一
炮八平六　车一平二　车九上一　马三上四　车九平四　马四上五
车四上五　兵七上一　车一平二　马五下四　车四下三　车八上九
马三下二　炮二上四　车四上四　炮二平七　车四下四　兵七上一
炮三上四　马七上八　车四上二　马八上六　士四上五　车二上一
马二上四　炮七平六　车四平三　象七上九　车三上二　象九上七
车三下二　车二平八　马四上二　炮七平一　兵一上一　马六上五
车六平四　马五上七　帅五平四　车八上六　车六平四　士六上五
车四下二　车八上二　帅四上一　马七下六　炮六上一　马六上八
车四平三　炮一平四　炮三平二　炮四平六　士五上六　马八上七
车三下一　车八下四　车三下一　车八平五

1938 年 11 月 27 日

薄黔。

乡明子立舷侧，水波不兴，过苏市馄饨共食之。不盈百钱，便便满腹，行行数里，就山下茶寮，鬻泉自瀹新茗。天阴欲雨，游人戒程，得此清闲，语默皆趣。

午诣弈乐园观局至晡归，两日见伍青让马四局俱佳绝。伍在省会无藉藉名，下嫁诸侯，比于鸣凤。黎子俭近日猛进，口述胜郭朝栋一局，如馈资粮。

夜让琼楼马先，开局尚合法。

1938 年 11 月 28 日

晴。

编录《松轩棋韵》名谱第一卷。《松轩遗局》二十一局。

1938 年 11 月 29 日

晴。

编录《松轩棋韵》第二卷。松轩小徒何醒武二十四局。

1938 年 11 月 30 日

晴。

编录《松轩棋韵》第三卷。名局三十余局。

展鸿传授近稿，尽三日之力，部居辑得三卷焉。松轩已杳，怯过西州之门；《棋韵》如闻，欲咏东坡之什。屡承指点，富哉先生之言；自从服膺，非不悦子之道。而晚学匪易，大道多岐，心使指而交违，意用法而益昧。瞻望弗及，伫立以叹。兹集遗局，岂止它山之错而已哉。小徒何醒武，早岁蜚声，犹在总丱，复泥首而北面，更冠冕于南州。盛名之下，有图可按，比已入学，新谱无传，亦汇一卷，以存兹绩。其他赠答赋诗，自是一时之俊。吴缟郑纻，岂仅竹箭之材其至焉者。或无古人，偶然相与，遂成知己，心心相印，得意妄言，步步为营，用军最精，君子不器，小道可观，并为一卷，是亦得失之林也。（《松轩棋韵》小序）

再释对二先。二先棋以炮二平五、马二上三为最多，故应局亦不俟予论之。里人好炮二平六者众，弈友黄某（琼楼）常用炮二平六、马二上三开局，予前册结论仍以屏风马应之特善，但有未尽者，彼用五子归边，而应局右边以三子，左边车炮调边实难，今夕应二局，调左九路炮过宫俱佳，以客在坐，未记局，中夜追记之，忘其一矣，不堪再忘也。局如下：

炮二平六	马二上三	马八上七	车一平二	车九平八	车二上四
炮八平九	车二平四	兵三上一	兵七上一	车八上四	马八上七
象三上五	车四平六	马二上三	炮八下二	炮九下一	象七上九
炮九平一	炮八平七	兵三上一	车六平七	马三上二	兵九上一
兵一上一	车七上四	炮一上四	车七平八	车一上二	兵三上一
士四上五	士六上五	车八平四	炮七平六	车四平三	马七上六
马二上三	车九平八	马三平四	车八平九	炮一平二	马六下八
车三上二	车八平六	炮二上四（下）		车六下四	车一平二
炮六平八（下）	炮二上四	帅五平六	马四下二（是为新创局也）

释让对马先。弈友黄常以炮二平五、炮二平六、炮八平四，三种开局，今夕得三种应法，尚可存录者。

（甲）

炮二平五　马二上三　马二上三　兵三上一　车一平二　炮八平六
车二上四　车九上一　兵七上一　兵三上一　车二平七　象三上五
炮八平七　马三上二　炮五上四　士四上五　炮八平五　车一平四
马八上七　炮六上五　马七上八　车九平六　士六上五　炮六下三
兵三上一　马二上四　兵五上一　炮六平二　车九上二　车六上二
炮五下一（上）　马四下三　马八下七　炮二平三（下）
炮五平三（上）　炮三上二　车九平八　炮二下三　车八上四
炮二平三　马七上八　马三上五　车八平四　马五上三　车四平七
炮三平一（下）　马八上九　炮一上四　马九下七　象五上三
车七下一　炮一上三　象七上九　马三上二　车七下三　马二上三
士五下六　车四上九　帅五上一　车四下二

（乙）

炮二平六　炮八平五　马二上三　车九平八　兵七上一　兵五上一
炮六平五　车八上五　象七上九　炮二上四　兵三上一　车八平七
马八上六　士四上五　炮八平六　马二上三　车一上二　车七平三
车九平八　车一平二　马六上四　兵七上一　炮五上四　兵七上一
炮五下一　兵七上一　马三下一　兵七平六　士六上五　兵六上一
车一平四　车三上一　炮六平五　车三平五　炮五平七（上）
马三上五　马一上三　车五平七　炮五上五　象三上五　象三上五
兵三上一　炮七平二　马五上四　炮二下四　马四上三　车八上二
马三下五　象三下七　马五上七　车四平三　炮二平五　士五下六
车二上七　车三平八　炮五下二

（丙）

炮二平四　炮八平五　马八上七　车九平八　马二上三　车八上六
炮二下二　车八平七　车上一二　炮五平七　马三下一　车一上一
象三上五　车一平八　炮二平三　车八上七　车九上一　炮二上六
士四上五　车八平九　车一平二　车九平六　车二平一　炮二下六
车九平八　马二上三　车八上六　兵三上一　车八平七　象七上五
炮三平四　炮二下一　炮四上五　马三下五　车一平四　炮七平九
车七平五　炮九上四　车四平一　马五下七　炮四下一　兵九上一
炮四平九　马七上八　炮九平三　马八下六　车五平八　马六上七
车八上二　马七上八　车一下二　车八上六　车八下四　车八上七
车八平三　马七上九　车一上一　车七下一　车一平四　炮九上三
炮四上九　车七上四

让马先三局以丙局为最佳。

方坐，默客林云阶来访，多述离乱事，几扰我大局，陪谈至三更亦佳，复闻袿襏子发言,盈廷中夜,犹作恶欲欧。

习静成性,不任诡诡之声也久矣,三年不言,亦非甚奇特事。情阑"进学"之解,怀感叔夜之言,刁斗声声,思君枫叶。

1938 年 12 月 3 日

校录夜所得名谱,录副及小序报景鸿。夜思得弈理,客来试之而信,释如下。释对马先用炮二平六应以兵三上一法:
炮二平六　兵三上一　马二上三　车九上一　车一平二　马二上三
车二上四　车九平四　士六上五　车四上五(马八上九　象七上五
炮八平七)　车四平三
已占得第三直路且胜一兵(其九路兵亦危),又得先手。例如:
炮二平六(黄客),兵三上一至第十一着用:
马八上九　车四平三　象七上五　炮八平六　炮八下二　车三平一
炮八平七　象三上五　车二平八　炮二平一　炮七上二　兵一上一
炮七上五　炮六平三　车八上三　炮三下一　车八平七　炮三平七
象五下七　兵一上一　车九平八　车一平四　马九下七　车四平三
车八上一　炮七上一　车七下一　炮一平三　象七上五　兵七上一
炮六上五　炮七平四　车七上一　士四上五　车七下一　车一平四
车七平五　炮四上六

1938 年 12 月 4 日

吴生(承铿)来维残局,匹马应战,分先各三,其可存者亦半焉。二客(姚伯鹏、林舜阶)来,几无坐处,负隅共席,助参玄机,昏时鸣金,人马俱乏。入夜又易马应关,三驱皆捷者,三人(陈协之、蔡秋䴖、蔡楚卿)始终其事,中间饶马先一局,费时八刻,况复秦兵耐苦战,而客无倦容,橘间隐微之妙,善弈者玩索而得之,屏足参幕,何独不然。中夜追写佳着,入梦犹温,偷间学棋,时人亦不尽识也。

1938 年 12 月 7 日

夜对琼楼二先一局,马先二局,并有新着(八二九、八三〇、八三一诸局),中局致佳,兹但记开局如下:
对二先:炮二平六　马二上三

马八上七	车一平二	车九平八	车二上四	炮八平九	车二平四
兵三上一	兵七上一	车八上四	象七上五	象三上五	马八上七
马二上三	炮八下二	马三上四	车四平五	兵三上一	车五平七
车一平三	车七上五	象五下三	炮八平七	炮二平三	马七上六
炮三平四	马六下八	马四上六			

对马先：

炮二平六	炮八平五	马二上三	车九上一	车一平二	车九平四
士六上五	炮二上四	兵七上一	车四上五	炮六下二	炮二平五
马三上五	炮五上四	炮八平五	车四平三	马八上九	车三下一
车九平八	马二上三				

又对马先：

炮二平六	炮八平五	马二上三	车九上一	车一平二	车九平四
士六上五	炮二上四	炮六下二	炮二平五	炮八平五	炮五下一
马八上七	车四上五	车九平八	马二上三	车八上二	兵三上一
车二上四	车四平三	象七上九	车一平二		

1938年12月10日

深宵犹走深水埗，视诸弈徒作何生涯，皆道老师来良佳，相引为曹，视的引满，内志正，外体直，然后可以言射。周中规，旋中矩，君子以观于乡。观邓飞对二客四局致佳，飞与潘炮艺在二三等之间，而盲棋不退，棋度则弈人所交口共道者，是亦有独至焉者矣。三更未见月，天际浮云，海中孤棹，东风鼓浪，夜潮弥高，抱此孤兴，独往独来于天壤间，复时有恺恺之境尔。

1938年12月12日

曳杖夷俟，行汲嫛姗①，闹市无人，陋巷有士。荃导叩犹贤室主，投谱而行，寻别去。看竹何须问主人，过门不敢题凡鸟。栖皇②道左，黤黮昏黄，吾非斯人之徒与而谁与。矮屋之下，弈乐名园，乐予远来，忘食而弈。伍青李客，五易其枰，尽开局之不同，与工炉而并运。曲有误，周郎顾。其至处辄击节，秉笔左右，乙识媸恶，弈者视之，正如其意，则相与抚掌，谓举天下事无以易此中之乐者矣。星河在天，蟋帅在户，非不多露，莫如友生。曾子诇③予未归，携童迹之，及于坛下，揖而言曰："适并石文学（光瑛）寻子肆间，则云过海矣，逆知子之相左也。"馈我一表，奚啻④八阵之图，思之累年，岂止三日之卧。盖开局四十八法咸在焉，曾子与松轩百易而后定定者，其说解也，语焉而详，玩其什袭珍藏，又似未经示人者，曾子自云方属稿时与松轩更相雠校，有未尽善处则乌丝⑤其旁。富于万言，艰于一子，以今观之，其信然矣，期诘朝之会而别。

【注释】

①婆娑：犹蹒跚。行走艰难貌。

②栖皇：亦作"栖遑"。忙碌不安，奔忙不定。

③调：密告；侦察；探听。

④奚啻：亦作"奚翅"。何止；岂但。

⑤乌丝：乌丝栏，版本学习用语。谓书籍卷册中，绢纸类有织成或画成之界栏，红色者谓之朱丝栏，黑色者谓之乌丝栏。栏亦作阑，或作襕。乌形容其色黑，丝形容其界格之细。

1938年12月13日

晓以车达楚卿寓，索所为《松轩棋韵》者，以待松轩死友之来。……

展鸿来电，别约来期。夜对客四局，就中对马先象七上五一局可与前记（十一月三十日）三局隶为一类，因附录之（原八五四局）。

让马先丁局：

象七上五	炮二平五	马八上七	马二上三	车九平八	车一平二
炮八上四	兵三上一	炮八平七	车二上九	炮七上三	士四上五
马七下八	炮五上四	士六上五	马三上四	马八上七	炮五下一（下）
炮二平三	马四上六	兵七上一	炮八上六	车一上二	车九平八
炮三平二	车八上六	炮二平四	象七上五	炮七平九	炮八下一
马七下六	炮五下一	兵一上一	马六上四	炮四下一	马四上六
马二上三	马六下七	马三上四	车八平六	马四上三	炮五平七
炮六上一	车七平三	马三上五	炮七平五	马五上七	帅五平四
炮四下一	车三平四	马六上八	兵三上一	马七下九	帅四平五
炮四平三	马七上六	炮三平四	炮八平五		

眉批：后闻此稿底本创草于周德裕，曾、黄修泽之以成今稿，曾仅授徒黎子俭且戒无示人，托言窜删周稿裨传知，然则更三国手以成之者，而又秘之，如此名山，其人非可知矣。

1938年12月14日

霁。

晨展鸿偕石光瑛来久谈，石于松轩有旧，谈及松轩，实死于庸医，身后正难为孤儿寡妇计耳。午饭五芳园北京馆，别来云久，别有滋味，复相将庄头论局。泊晚客去，排比曾、黄开局四十八法，几为彻宵，可为此道集大成矣，但最其目于此：

（一）当头炮、屏风马开局法。

（二）中炮直车、屏马进炮。

（三）中炮直车、新式屏马。

（四）中炮直车、屏马进兵。

（五）中炮直车、屏马巡河炮。

（六、七）中炮直车、新式屏马进炮。

（八）中炮直车、新屏马巡河炮。

（九）中炮直车、屏马兑兵三局。

（十、十一、十三）中炮直车、新式屏马四局。

（十二）中炮直车、屏马退炮。

（十四）中炮直车、屏马兑兵三局。

（十五）中炮横车、屏封马。

（十六）左炮横车、屏马进兵。

（十七、十八、十九，）中炮、反攻马。

（二十）中炮、单提马。

（二十一）穿宫马、单提马。

（二十二）两穿宫马对兵局。

（二十三）穿宫马、士角炮对兵局。

（二十四）穿宫马、过宫炮对兵局。

（二十五）两穿宫马对兵局。

（二十六）穿宫马、屏风马。

（二十七）穿宫马、单提马。

（二十八、二十九）两穿宫马对兵局。

（三十）半路中炮、屏风马。

（三十一、三十二、三十三）三七炮开局法三局。

（三十四）屏风马、穿宫马二局。

（三十五，三十六）弃兵抢先局二局。

（三十七、三十八）顺手炮开局法四局。

（三十九、四十）中炮、叠炮二局。

1938年12月15日

晴。

终日学开局诸法，综而述之曰"当头炮"，曰"屏风马"，曰"穿宫马"，曰"单提马"，曰"反攻马"，此其大较也。要以中炮屏马为主局，中炮有直车、横车二种，其先进兵马再补中炮者曰"半中炮局"，屏马不先上三七兵而先上二八马者曰"新式屏风马"，本粤东李庆全创之，亦曰"秃头屏风马"。马局之变者有士角炮局（二十二局），过宫炮局（二十四局），而反攻马以马二上三应炮二平五继以士四上五、象三上五、车一平四，尤为挽近特异法门（伍青胜李客用之）。其他三七炮局、叠炮局、弃兵抢先局亦备一变，应局之法何局皆可。方绍钦之言故自不诬也。开局第一着以炮二平五、兵三上一为主着，象七上五者（三十六局）备穿宫马之用，原注云："先手上象开局老前辈多用之，非弱着也。"应以屏风马，兵七上一原注云："先通马路是正着，若以中炮应，则彼以先手屏风马法，对我则未见得势。"真不刊之论。外此，如炮二平六、炮二平四、炮二上二诸着，以今言之谓之落伍，故此四十八局中不为典则云。

1938年12月16日

校谱。写《南阁新词》一卷。日落偕楚卿渡海观弈，方绍钦以马二上三，象三上五，车九上一，车九平四应人马先炮二平五，马二上三，车一平二，车二上四诸着。叩以应马二先（炮二平六、马二上三）之法，则云："炮八平七，炮七上四，炮二平三。"又云："不论让一马、二马，总以制敌马不动为主。"皆扼要之言。

1938年12月18日

会诸少年坛下，竞以弈进，献其怀伎，为长者寿，钟珍饶、邓飞三先一局尤擅场。伍青、邓飞闭目对一局亦可善也。伍、黎辈出征濠江，推伕[①]助之。夜归理谱。

【注释】

①推伕：亦作"推次"。相推以次第。

1938年12月20日

晴。大有成谷仍贵（每石十二金云）。

曾侄等约再游濠江，相地之宜，钻燧取火，却谢之，仅电伯鹏为之先容①，使松轩在，当不靳此行，随武子之九京，从此比人间更远矣。半日对校所遗开局法，久而不调，弥不胜子犹人琴之感②矣。

垂晡隐几看《师郑堂骈文》，殊少卓尔自立之处，即是以思我亦人也，尤而效之而贰之，吾又其谓我何哉，行也寡悔，言也寡尤，干禄学道，吾谁适从。

【注释】

①先容：本谓先加修饰，后引申为事先为人介绍、推荐或关说。指事先联络、介绍。

②人琴之感：见"人琴俱亡"。形容看到遗物，怀念死者的悲伤心情。常用来比喻对知己、亲友去世的悼念之情。

1938年12月21日

黔。

移校开局各谱，苏来索《畴盦楹语》及《南阁词》两序，对客麾毫，文不加点，其粗犷可知，匆匆告行，亦不及存稿。夜与客（黄琼楼）改约三先及马先各二局计（八八九、八九〇、八九一、八九二，四局胜）。弈交五月，自分先至让马先凡六级矣，求得其平或当在马二三之间也。

1938年12月25日

黔。

西方圣人诞日，老少同欢，互致恩物，一如除岁之盛。群以纸制高帽，斑白负戴，盘散招摇，族类既非，安问礼俗。商于之割，瞑及百年，荆州之借，亦成久假。夷风煽方处，数典皆忘祖。城高一尺，饿死宫中，人甘之而如饴，我怒焉而如捣。殊惭泰伯，行亦断发而文身；纵非息妫①，其又奘言而苦笑。以是屈蠖②自蛰③，画地为牢，亦非自诩衣冠，吝于涂炭。世运苟如此，悠悠宁足论。岂图鼾睡之声，不容阃侧，过庭而溺，目为无人。竹林之诸贤遍迁，吾党之小子狂狷。炳烛不足，继以白日，鸣鸡而起，谓人盗□（圣讳）。叫嚣乎东西，隳突④乎南北。欲炙人肝而大酺，虽曰鸡犬而不宁。吾观先生，不能饱食终日，受物之汶汶⑤，孰为夫子，庸亦不勤不分，植其杖而耘。退然隅，跌坐胡床，亦有异书，相与上下。

博而能约，金针靡不度人；语焉而详，点头及于顽石。题为《曾黄开局要法》，乃传梅橘未尽之甘，四十八局，局约三十余着，每着附注要害得失，多者亘数百言，故得解说凡六万余言。定局于或推之或挽之间，脱稿在或笔之或削之后。虽杀青何日，尚未榜诸国门，而曳白不甘，竟尽移其细草。世有能赞一词者否，岂遂无游夏之徒。此亦为发千载之奇，不应在弟子之列。

里人某传周弈工（德裕）《二十四开局》，二局一金，未见全牛，已矜一豹。不知辽东之豕，无非白头，宋人之绗，仅不龟手。彼焉鬻伎以为生计，此则因术而见道心。漫谓终之不获一禽，不然御者且羞比射者，以是抱璞自献⑥，昼被卧游，不知有汉，遑论魏晋。

【注释】

①息妫：亦称息夫人，春秋时期人。本系息侯夫人，楚文王灭掉息国后掠其为宠妾。

②屈蠖：指屈身的尺蠖。亦比喻委屈不得志。

③蛰：动物冬眠，藏起来不吃不动。

④豗突：横行，骚扰。引申为放纵不羁。

⑤汶汶：玷辱。

⑥抱璞自献：见《韩非子·和氏》。后以"抱璞"喻怀才不遇。

1938年12月26日

霿。气象愁惨，伏几抄完开局法。（初寒六十五度，已有衣胡貂者。）

1938年12月28日

晴。

荪来抄日记数则，寄家中子姓代家书也。

晚有剧棋，可为浮一大白，此间乃有真乐，特记存之，自觉松轩遗韵犹有存者。

炮八平六（让客马先）　炮二平五　马二上三　兵三上一　象三上五
马二上三　炮二上四　兵五上一　车一平二　炮二上四　炮二下三
车一平二　马八上九　车九上一　车九平八　兵五上一　兵五上一
马三上五　炮二上五　炮五上三　士四上五　车二上一　车二上四
马五上七　车二下三　马七上六　炮六下一　马六上四　炮二下三
炮二上一　马三下四　车九平六　炮二下三　车六上六　兵九上一
车二平六　车二下一　车六上二（上）　车二平四　炮二平五

1938年12月31日

黟。

昨日《书谱》告成，录副贻荪，抄寄家塾中子侄习之，不足为外人道也。

昨今剧棋，自达其旨，条而论之，亦开局中得失之林哉。

邓飞应客三先：

炮二平五　马二上三　车一平二
马八上七　兵七上一　车九平八　马八上七　马二上三　马七上六
象三上五　炮八平七　车一平二　车九平八　炮八上四　马六上四
马七下九　马四上六　车八上一　兵七上一　炮二平一　马六上七
车九平三　车八上九　车三平八（屏风马忌先上象，况应三先乎）

冯敬如先胜李涤凡：

炮八平五　马八上七　马二上三　车九平八　兵七上一　兵七上一
马八上七　马二上三　马七上六　炮二上三　马六上七　炮二上一
马七下六　炮二平七　兵七上一　车一平二
马六上八（黑第五着应象三上五而后炮二上三，又上一，前后一着，全局皆北）

李涤凡先冯敬如胜：

炮二平五　马二上三　马二上三　马八上九　马八上七（不如兵七上一）
车九上一　兵五上一　炮八平五　炮八上四　车九平四　马七上五
车四上五　车九上二　兵五上一（马前进卒，是对屏风马局，与对单提马不同，因马八上九后炮八便平五也，先用兵七上一则左车难出。见曾、黄开局法）

释让马先对炮八平四之一法：

炮八平四　炮二平五　马八上七　车一上一　车九平八　车一平六
士四上五　马二上三　车八上四　车六上五　炮二上二（新着）
车六平七　马二上一　车七平九　炮二平六　炮八平九　炮六下一
炮五上四　马七上五　车九平五（至此已胜，三兵及三先以上）

又释对炮八平六之二法：

炮二平六　炮八平五　马二上三　车九上一　车一平二　车九平四
士六上五　车四上五　兵七上一　马二上三　车八上四　车四平三（变）
象七上五　炮二上七　车九平八　车三平四　车二平六　车一平二

变：

车四平三　炮八平七　炮二上六　车九上一　车一平二　炮六下二
炮二下四　车九平八　炮二上五　车八上七　马三下二　炮六平八
车三上一　象七上五　马二上三（至此皆胜一子，应局者且不失先，佳构也）

1939年1月1日

不见杲日，漫说新年，吊影灯前，弹棋茶后，有客戾止（吴承铿南澳），脱骖而驾，单马迎战，胜且让先，始午讫申，负一胜五，其最骠勇有如下局（原九三八局）：

炮二平五（得先）　马八上七（吴君）　马二上三　兵七上一

车一平二　车九平八　车二上六　象七上五　兵五上一　马二上三

兵五上一　兵五上一　马三上五　兵三上一　炮五上三　士四上五

兵三上一　兵七上一　马五上三　炮八平九　车九上一　车八上三

马三上二　炮二下一　车九平六　马七上五　车六上七　炮九平八

炮五上二

晡渡海往弈乐园观剧棋。何童子（醒武）入学以后，年余未见，今明两夕以休假来攻弈台，斗室之内坐无隙地矣，相见道故，潸然故师，北面西园竟成隔世。旋与宿将冯敬如分先二局，一和一负，要自不凡，皓首童颜，一场嚘喑，败亦可喜，胜固欣然。

1939年1月3日

叆。

起理残稿，约伯鹏来共饭，不知所之，旋来谈。

前三日晤何季海，擎雀囊，夷简①攀车，不审何时，遁逋至此，徙宅及于玩，好闲适甚矣，急叩近状，则来未几日，且曰此来好惨也，不俟再言，下车别去。晨其少君（湛）将命过从，深幸无恙，问衍璿所在，曰西行入桂，一书经月始至，西东羁旅②，萍梗③遭逢于卫，且无雠由，其人过宋，空留伐檀之集（鲁直父庶撰）。检视近谱，谈次曩踪④，继以剧棋，雅多隽着。别来何止三日，避君不能三舍。百合之下，两局俱和，松轩去春许何生为三等前茅，信当刮目相待也。晡静斋登楼，平生未以夕来，意者亦不免为人事下山一走，未茶别去，复汪食人间烟火者。

夜对客三先，客改车二上四为上六，应未得法，二负一胜，开局为：

炮二平六　马二上三　车一平二　兵七上一　车二上六

马八上七　马八上七　车九平八　车九平八　兵七上一

应改兵七上一为炮八平九接变如下：

马八上七　车二平三　马七上六　兵七上一　象七上五（炮八平九）

车八上四　兵三上一　车八平三　炮九下一

至此全局开展，当有良机相待耳。

【注释】

①夷简：平易而质朴。

②羁旅：寄居异乡。

③萍梗：比喻行踪如浮萍断梗一样，漂泊不定。

④曩踪：昔人的事迹。

1939年1月4日

自评昨夕开局以兵七上一，不若炮八平九，阅曾、黄开局第八课亦有同评，吾知其必有合也。今夕客以同法开局，而所揣第十五着马七上六为兵三上一大佳，苦战八刻钟始定一夕之长在此矣。

炮二平六　马二上三　车一平二（客）
马八上七　兵七上一　车九平八　车二上六　炮八平九　车二平三
马二上三　马八上七　车八上四　兵三上一　车八平四（可炮九下一）
士六上五　炮九下一　象七上五　炮九平七　车三平四　士四上五
炮八下二　象三上五　炮八平六　车四平二　马七上六　马七上八
车四平三　马八下九　车三平四　兵三上一　马六上四　炮二平一
马四上六　炮二平三　兵七上一　车二平三　车四上二　炮七上二
马六下五　车三平二　马五下七　车二上二　马七上六　炮三平四
马六下四　炮四上六　帅五平六　车一平四　帅六平五　炮七下一
车九平七　马三上二　马四上五　炮七平六　兵三上一　象五上七
马五下三　炮六平三　车四下二　马九下七　车四平八　炮三上四
马三下五　炮三平一　马五上三　车二上二　马三上四　马二上三
车八平九　炮一平五　马四下六　马三下四　车九平五　象七上五
马七下九　车二平四　车七上二　车四平二　马六下八　马七上六
马八下七　车二上五　车五平九　车二下五　车九平六　马四上二
车七平八　车二平三　马七上九　马六上四　马九上八　车四平一
马八下六　马二上四　车八下二　炮五下二　马六下五　车一平四
车六下二　车三上六　马五上三　车四下一　马三上五　马四上六
士五上四　车四下二　马五上三　车四平五　马三上一　车五平六
兵一上一　车六上二

已得一士，否则亦得一边兵，双车胜车马。开局车九平八不如车九上一，此时横车胜直车多多。

接变（白十五着）：

兵三上一　炮九下一　兵三上一　炮九平七　兵三平二　炮七上二

象七上五　炮七上三　兵二上一　马七上六　兵二平三　马六上八
兵三平四　马八上六

复按此变法不妥，彼兵不上一而平三，则七路马大受困也。

1939年1月5日

方食，思日来对三先用车九平八，不若车九上一之通，对马先先炮八平五，不若先车九上一之捷。夜用之而大验，俄顷之间定五鼎焉。

第一局开局：

炮二平六　马二上三　车一平二（客）
马八上七　兵七上一　车九上一　马八上七　车九平四　士六上五
车四上五　炮八下二　炮二平四　炮六上五　炮八平四　象七上五
兵一上一　炮八平七　马二上一　兵九上一　兵一上一　车九上四
车一平二　车二上七　第二局开局（十着同上）：
马八上九　炮二平四　炮八上五　炮六平四　炮八平七　马二上一
兵九上一　车一平二　象三上五　车二上七　炮七下一　车四上二
炮七上二　车二平五

第三局开局（十着同上）：

炮八下二　兵一上一　象七上五　马二上一　车九上二　马一上二
车二上四　炮二平一　车九平八　马二上一　炮八平六　车四平三
马七下八　士四上五　马八上九　车三上一

第四局开局（十着同上）：

炮八下二　兵一上一　象七上五　兵一上一　炮八平七　兵一上一
兵七上一　车一上五　兵七上一　炮八平九　车九平八　兵一平二
兵七平八　兵二平三

1939年1月6日

小寒节。华表五十三度，港吏报黎明五十一度（仲禀言上海二十五度），已为今冬奇冷。有狐貉之厚以居者矣，其实夹衣已称体，难为生不见雪者言也。

柬报曾展鸿、崔星槎，寄前四日晚方、何第二局（抄入九五三局）稿纸，凡百二十九着，方先和，附书言方、何以不得胜局，意谓必有疏者伏在其间，审谛之下，亦难为言，童子残局功深一至于此，仅撼方第七十九着车六平七之后复平九，若径平九当有好局，为书复之。

夜会客（黄琼楼）五局，胜四负一，比杀局前数着失局者亦洞知之，不俟推演，即行鸣金，适从何来，集于泮林，念念有词，言非杀局，何遂委诸沟壑也，无已则仍列前局，依法演之，始知其意，悠然而逝。……

昨夕思对马先炮二平六法，第一着不先平炮，而以车九上一为生动，今夕竟验也，对局如下：

炮二平六（客先）　车九上一（让左马）　士六上五　兵三上一
马八上七　炮二平三　炮八下二　兵三上一　车九上二　兵三上一
马七下九　马二上一　象七上五　车一平二　炮八平七　兵三平四
炮六下二　象三上五　马九上七　炮三上七　象五下七　兵四平三
马七下九　炮八上六　车一上一　车九平八　象七上五　车二上八
车九平六　士四上五　车六上六　车二平一　炮六平七　兵一上一
车六平八　车八上三　车八下一　马一上二　车八下二　车三平八
车一平二　兵三上一　车二上三　兵三上一　士五下六　车二平四
士四上五　车四上四　车二平七　车一上一（方弈工绍钦云：不论让一马双马，总以制敌马不使活跃为主。此局其庶乎）

又思得应四先之法如下：
炮二平六　马二上三　车一平二　兵七上一（四先）
马八上七　马八上七　车九上一　马七上六　车九平六　车二上四
炮二平四　士六上五　马二上一　炮八平七　车一平二（至此六子皆开动也）

1939 年 1 月 7 日

夜果以四先应客，昨夕所拟，殆应也，三发皆中，非尔力也夫。其开局如下：

炮二平六　马二上三　车一平二　兵七上一
马八上七　马八上七　车九上一　马七上六　车九平六　象七上五
马二上一　马六上七　炮二平三　马七下八　车六上三　车二上四
炮八平九　兵九上一　车六平四　士六上五　炮三平四　兵七上一
车四平三　马八上九　车三上二　车九上二　炮九下一　车二上四
士四上五　马九下八

又（至九着上局同）：
士六上五　炮二平四　马六上七　马二上一　马七下八　车六上三
车二上四　车六平四　炮六平七　炮四平二　马八上九　车四平一
炮八平九　车一上三（上）　马九下七　车一平二　车九平八
炮八平九

又：
象七上五（马先）　炮二平五　马二上三　马二上三　炮八平六

车一平二　马八上七　车二上六　兵七上一　兵五上一　炮二平一
兵五上一　兵五上一　马三上五　车一平二　炮五上三　士六上五
炮八平五　车二上四　车二平四　车九平六　车九上一　兵七上一
兵三上一　马七上八　兵七上一　马八上九　车九平六　炮一上四
马五上六　车二上五　马六上五　车六上一　车四平一

得马先者要以炮二平五及马二上三（或兵三上一）二种为正，比来客以过宫炮（炮二平六或炮八平四）及象七上五之三法，来者多败，而飞象之致败尤速，何也？又失一先也，让子者利在抢局，让先者利在对杀（俗曰兑）敌子之有力者。

1939年1月8日

展鸿来，面致棋枰一方，胶泥所制，淡雅迈伦，纳诸怀中，运于掌上，无施而不可也。客夏遗予棋子，精如碎玉，舟车所至，必以自随。比日垂问有缺子否，可练石补也。予曰惠自良友，奚敢缺也。其实几濒于缺，仅乃得免耳。发而视之，渥赭夺朱，深缁尘白矣。曰器亦求旧，然新之自有道焉。则怀之而去。

1939年1月9日

晡曾子（展鸿）过谈，论前夕方绍钦、何醒武开局：
炮二平五（何先）　马八上七（方）　马二上三　车九平八
兵七上一　炮二平三　马八上七　兵三上一　马七上六　兵三上一
马六上四　象三上五　炮八上五　马二上四　马四上三　炮三平七
炮八平七

未入中局已失一子，昨夕方君自言第十六着误也，应为：
马二上三（红）　车八平九（黑）　车一平二　炮八平九
车九平八　车一平二

可得回一子，但失先耳。曾子曰：非也。
马二上三　车八平九　车一平二　炮八平九

继以：
车二上八　马四上二　炮五上四　士四上五　马三上五　士六上五
车二平五　帅五平六　车九上二

不可收拾矣，如是则黑子第三着炮二平三非也，失之在早，补救无术矣。

夕思应马二先（炮二平六、马二上三）开局用炮八平五（红车一平二），车九上一，或用车九平八（红车一平二），炮八上四法，未有定计，客已备马，勉应之，前负后和。（九八六及九八七两局）

1939年1月10日

晴。

终日不获一禽，亦无须乎诡遇也，连三夕对客四先凡七局，胜六和一，让马兼二先凡五局，负三和一胜一，综计月来让马一先什八而胜，更让一先遂成百尺竿头乎。

拟释应马二先诸法开局如下：

（一）

炮二平六　马二上三
炮八平五　车一平二　车九上一　车二上四　车九平四　士六上五
炮二上四　兵七上一　车四上五　象七上五　炮二平五　马三上五
炮五上四　炮六下二　马二上三（可得一子，翌日改正）

（二）

炮二平六　马二上三
车九平八　车一平二　炮八上四　兵三上一　兵三上一　象七上五
马二上三　炮八平七　马三上四　马八上九　车一上一　车九平八
炮二平五　兵七上一　炮五上四　马三上五　马四上五　炮七上三
马五上七　车二平一　马七上六　帅五平四　车一平六　帅四平五
炮八上三　象三上一　车六上七　马九上七　车六平七

（二之二）

炮二平六　马二上三
车九平八　车一平二　炮八上四　兵七上一　炮二平三　象七上五
炮八平五　士六上五　车八上九　马三下二　炮三上三　马二上三
炮五下二　马三上五　炮三平五　马五上七　兵三上一　马七上三
兵五上一　炮八平七　象三上五　马八上九　马二上四　车九平八
马四上六　车八上六　士四上五（至此红得七步，黑得八步少一子胜。二兵全局出动，已占优势）

（三）

炮二平四　马八上七
马二上三　车九平八　车一上一　车八上四　车一平六　士四上五
车四上五　马二上一　车六平七　炮二下一　车七平八　炮二平三
炮八平七　炮三平四　车九平八　兵九上一　兵三上一　兵七上一
兵三上一　车八平七　象七上五　象三上五　炮二下一

1939年1月11日

　　昨日拟应马二先第一局未安，不红车二平五（第十六着）而用炮六下二，则车炮进退失据矣，仍用马前进卒如下：

（一改正）

炮二平六　马二上三

炮八平五　车一平二　车九上一　车二上四　车九平四　士六上五

马二上三　炮八平七　兵五上一　马八上九　车一平二　车九平八

炮二上四　象七上五　马三上五　炮七上四　兵五上一　兵五上一

车四上四　炮七平三　炮五上三

（一之二）

前十一着同，接兵五上一红变：

炮六平五　马三上五　兵五上一　车四上四　车九平八　炮二上四

炮七上四　马五上七　炮五上三　炮五上三　象七上五　车四下一

　　夕客来，所拟皆非，彼竟用象七上五、炮八平六及象七上五、马八上七，概以炮二平五应之，俱得局（九九五及九九七），马二之力可避君六舍矣。

1939年1月12日

　　晴。（家书来。）习书报记，便子弟传习而已，亦以当家书也。

　　隐几写十余局谱，别为一小册，报曾展鸿爬梳攘剔。程功又良匪易，隐市静似野客，居闲于家（张养浩句），亦惯刘粲之塵尘，未纵朱公之泛宅耳。夕得佳局：

炮八平六　马八上七（客马二先）

马二上三（让左马）　车九平八　车一上一　士四上五　车一平六

车八上四　车六上五　兵三上一　炮八平六　炮四上五　炮二平六

象三上五　车九平八　车一上二　车八上四　兵七上一　炮六平八

炮二平四　车八上五　炮四下二　炮八平六　炮四平三　车六上二

车一平三　兵七上一　兵七上一　兵三上一　车八平六　象七上五

马七上八　炮五平九

此开局佳于前日所记，拟第三局开得极好，不但多得一子也（详九九九局）。

释应马三先法：

炮二平六　马二上三　车一平二

马二上三　兵七上一　车九上一　马七上六　车九平四　士六上五

车九上五　车九上二　车四平三　炮八下二　炮二平一　象七上五
车一平二　车二上四　炮八平四

余详《开局法》。

1939年1月13日

午曾（广扬）马二先，应以：

炮二平六　马二上七（曾二先）

象三上五（让左马）　炮二平五　马二上四　马二上三　兵三上一

兵七上一　车一平三　兵七上一　车三上三　马七上六　车三上一

马六上五　车三上三　炮八平九　炮二平三　马五上七

炮八平五（详一○○○局，开得尚合法也）

逾午北游以振之，期苏子江头，步叩茶肆，茶新酿亦熟，重与细论文。夜来若咳，如何可病，言无酗酒，亦有戒心，如鼹鼠之饮河，聊作过屠门之大嚼耳。

夜诣坛下，弈工袖手，予解一金为彩，冯、方欣然迎战，俱有真际，见真功夫。谯楼三更，不能守以终局矣，仄身茕然，回头是岸。

1939年1月15日

黔。

晨属文雄立方消肺火。亘日蛰几，侧不言不笑不取乎。夜得佳局。

炮二平六　马二上三（客二先）

车九平八（让左马）　兵七上一　炮二平三　炮八平七　象三上五

象七上五　马二上四　车一平二　炮八上四　士六上五　车一平二

马八上九　车二上六　炮七上一　车二平一　兵五上一　炮八下二

兵七上一　炮三平一　炮七下一　兵三上一　车九平八　马四上六

车二上四　马六上七　车二平三　炮八上一　车八上二　炮八平五

炮六下二　兵三上一　炮六平九　车一平四　车九上六　车八上一

炮七平六　车八平三　炮六下二　车四平一

连四夕让马二先之局，几无不克，而以此局为最善。夜嗽未已，特不成疾耳。

1939年1月16日

重黔。细雨霉润，如春气恼人时也。

衍璿自广西藤县书来。五旬而后达，新诗和到须明年（随园《除岁走使寄诗》

句），赴洛登楼，同此谯谯僛僛之感耳。

弈人邓飞来谒，招侄孙文雄应数局，纶巾袖手，殊惬人意，而文雄法度更疏，如第三局：

炮二平五（邓先）　马八上七（文雄）　马二上三　车九平八
车一平二　马二上三　兵七上一　兵七上一

此八着为新式屏风马应中炮正着，无可言者，第九着炮八平七（邓）已非正着，应先马八上九而后平炮，不使后手者有车一平二之机，第十着车一平二（文雄）更为非法，从此失子失先，不堪一战（一〇一六局），名手对局，向无此着。惟辞炳光，败于伍青一局（九八四局）耳。

夜草草应客，无好着。

1939年1月17日

晴阴相间。

为曾子写新序，跋《开局要法》之末。午引退楼下，与沈家军鏖战至夕，佥援迄日，对客例让四先及马二先，凡十易秤，仅败末局，其伎尚不客若也。夜客无愆期，对四局，其一局我以马兵对士象全，客自刎负，实和局也。登楼如乘海艘，熙熙可掬。

1939年1月18日

夕入弈乐园，复捐金为彩，邀二弈工（冯、方）弈，橘中天地，别有沧桑，返棹深更，造局客枕。

让左马对象七上五，炮二平四二先法（翌日曾展鸿校之，以为佳妙）：

象七上五　炮二平四
炮二平五　马八上七　马二上三　兵三上一　车一平二　车九平八
炮八上七　车一上一　车九平八　车八上一　兵三上一　车一平二
车八上八　车八平二　车二上七　车二上五　马三上四　车二平三
马四上六　车三平四　马六上四　士四上五　士六上五　车四平五
马四上三　帅五平四　炮五平六　炮四平一　兵三上一　兵七上一
车二下三

1939年1月19日

晨询榜人，鸣钲克期，亭午走别荃子之行，同叩曾庐，及门分襟，犹冀常寄日记。恐文思不属，所言皆糟粕，并已陈刍狗之不答也。以《开局法》三卷还曾子，共舟渡海，谈近人弈乘綦详，视予近作尤深致赏，午品茗五花村，啖卤面。少年黎子俭与宿将杨伯昌弈两局，第二局黎以反攻马应中炮尤佳（一〇二七局）。晡归亦有佳局。

1939 年 1 月 20 日

雰。

仲韩（万年字）来别，往濠江为伯鹏道地，即书复伯鹏。

汕澳间不无钲鼓之声。终日坐隐，更客而进，已寡可存谱者，就中一局，虽随手下子之作，而可入《开局法》。

炮二平五（林仰山先）　马二上三（让左马）　马二上三
车九上一　车一平二　车九平四　士六上五　车四上七　马八上九
车四平二　炮八平六　兵一上一　车二上四　炮八平六　车二平六
象三上五　兵三上一　士四上五　马三上四　车一平二　马四上五
炮二平一　炮六下二　炮一上四　车九平八　车二上一（上）
马九下八　车二上八　马五上七　炮六平三　炮五平三　炮一上三
象三上五　车二平四

第十四着炮八平六可从缓，又得一着先手。

1939 年 1 月 21 日

晴。

见报上载杨云史《苍梧军歌》（云史，蓬莱吴记室）："日出苍梧千万山，旌旗已过镇南关。边功不在沙场里，楼上楸枰数着间。"赤空谷之謦咳也。

夕得崔星槎柬招观名手弈，又见方绍钦让客四先（炮二平五、马二上三、马八上七、炮八上二）二局，第一局应以象七上五失左马（一〇三六局），第二局应以炮八平五则失右马（一〇三七局）。予以为不如应以马二上三，仍以屏风马为正应也，彼炮八平七则马八上七。方谓不如象三上五云，又云让四先之力等于让马二先。其难有如哉。有设为二先不渡河，四先不巡河之说（弈人苏天雄）。既能让先，自以勿加限制为合理。

1939 年 1 月 25 日

昨夕客以马二先。

炮八平四　马八上七
马二上三（让左马）　车九平八　车一上一　兵三上一　车一平六
士四上五　炮八平七　马二上一　车九平八　车一平二　车八上六
炮四下二　车六上七　炮二平四　车八上三　马二下一
车六平八（而丧其马）

今夕改用巡河炮窥我右马，阵容为之大动，卒以下局应之，自成正和，亦可贵者。

炮八平四　马八上七
马二上三　车九平八　车一上一　车八上四　车一平六　士四上五
兵三上一　炮四上二　车六上三　炮二平四　车六平八　马二上一
兵九上一　象七上五　炮二平一　兵七上一　兵三上一　车八平七
象七上五　车七上二　炮一下一　炮四平七（上）　炮一平三
车七平六　炮三平九　车六平七　炮九平三（和）

1939 年 1 月 26 日

今夕方胜马二先一局，转战之苦，谱中见之（一〇六六局），三夕未得胜也。

1939 年 1 月 27 日

晴。

杜侄（鸿飞）告归日，托将去币帛为家人压岁，并示仲儿上海。

作家书毕，与沈五、黄大消弈至二更，计让四先，二十日约三十局，胜者逾三之二，连夕客伎有进，而改其六八路两炮以进攻，头头是道，细思前数着中予之马八上七、车九上一、车九平六中自来未有改步，恐未尽善，盖此六路车横则失先，进则无位，所防者彼马七上六之后再进四，以窥槽耳，其实既有横车，已隐消此患，不如改第三应着为炮八平九，此为奠基之步法，一着松满盘落空，入手之不可不慎者如是夫。

1939 年 1 月 29 日

黟。

移录名谱，新得者凡二十余为一卷，报曾子雅意。杨铁老来观日记，迩日习静山中，经月始出也。

晡有酒铺，亦为熏熏，又徇弈工之意，深夜渡河，助人呐喊，方、冯三战二百回合，三箭之耻，一勺之泉（予附公彩一金），皆有必争者在也。只为一局，坐我半宵，个中进攻退守，先纵后擒，避实击虚，未矛先盾之处，游神领会，殊不负一夕之谈已。归来横榻，胡不惬惬尔。

1939年2月2日

连夕弈兴，亦消沉不振，惟应四先法已改用新局，开局要着有可记者。
再释应四先：炮二平六　马二上三　车一平二　兵七上一
象三上五　马八上七　马二上四　马七上六　车一上一　象七上五
马八上九　炮八平七　车九平八
已得者凡八局，仅负一局，其变着存谱中，较前局马八上七，车九上一之应法为胜。

1939年2月3日

晴。家书来。
是日始以双马让诸里人，凡五易将，亦胜数局，然曾、黄所传"让双马十三法"（《壬集》卷末）读之而用焉未熟，漫说造谱也。昏时偕有光出望月。
夜与客对马二先一局（一〇九一局），至敌马劫中象左右攻槽时，助喊者瓦解举趾引去矣，客亦起立以为杀局也，予曰：盍少安乎。复厮杀百余合。胜算居然不在彼也。

1939年2月4日

晡小坐栏前，仍让双马对客，作下表：
释让双马法，上法以炮二上二及车一上一为二大途，炮二平五附：
炮二上二
（一）
马八上七　炮八平五　马二上一　车九上一　炮二平四　炮二平三
象七上五　车一平二　车九平八　炮三上三　炮四平七　炮五上四
士六上五　车九平二（劫得其左炮）
（一·二）
马八上七　炮八平五　马二上一　炮二平三　象七上五　车九上一
车一平二　车一平二　炮八平五　炮三上三　炮二平七　炮五上四
士六上五　车二上七　炮七上四　车九平二　帅五平六　车二平六

车二上四　车六上八（劫其左车或炮）

（二）

马八上七　炮二平七　象三上五（象七可解）　车一平二　炮八平六
车一上八　士四上五　炮七平二　炮二下一　车二下一　马八上九
炮八平一　车一平四　炮一上四　马九下八　炮一下二（世传之单边控法）

（二·二）

马二上三　炮二平九　炮二平一　车一平二　车一平二　炮八平一
兵九上一　炮九平七（劫其三路马）

（二·三）

马二上三　炮二平九　炮二平一　车一平二　炮一上三　兵九上一
车九上二　兵一上一　象七上五　兵一上一　兵九上一　炮八平一
（劫九路车）

（三）

炮二平五　炮二平九　马二上一　车一平二　炮八平六　车二上六
士六上五　炮八平二　炮六下二　炮九平三　炮五平七　炮三上三
（劫得一炮）

（三·二）

炮八平五　炮八平七　马二上三（马八上七）　车九平八
车一平二（马二上三）　炮二平七（任初拟局）

（四）

象三上五　炮二平九　炮二平一　车一平二　炮一上三　兵九上一
车九上二　兵一上一　马八上七　兵一上一　炮八下二　车二上六
炮八平九　炮八平一　马二上三　兵一平二（劫得九路车）

（五）

炮八平四　炮八平五　马八上七　车九平八　车一上二
炮二平九（平炮则车八上八压马劫马）（本日任初对客法）

（六）

炮二平六　炮二平三　马八上九　车一平二　车九平八　车二上六
马二上三　炮三上五　士六上五　炮三下二　车一平二　炮八平七
车二上四　车二平一（得一子一象）（本日任初对谢再绵法）

（七）

炮八上二　炮二平九　炮二平一　车一平二　马八上七　车二上五
（彼改上三七兵则车二上八劫马）（十一月廿七日，伍青对客法）

前六法曾、黄传谱大半成法也，末法目击伍青对弈，其二法则予今日对客所迫而得之者，可应之着大较在是矣，要皆利用开子之速劫得一子而后入中局也。

1939 年 2 月 5 日

夜访弈工方绍钦谈弈事，云乾嘉间围棋之兴，象棋亦特盛，其时弈谱用九十字代之，法既繁重，旋亦烟灭。又言让双马法：炮二上二只计三步，车一上一则须六步，象三上五计及九步矣。叩其说？则曰：炮二上二攻着显然，三步之内劫子抢先。车一上一前三步未有特效，六步之间方见奇谋，故藏着较隐也。象三上五则更隐矣。是颇能道出个中真际者。是夕得五佳局，归来月正中也（一〇九六至一一〇〇局）。

1939 年 2 月 6 日

释让双马法中，车一上一。

（一）

马八上七	车一平六	炮二平四	炮八上五	炮四上七	帅五平六
炮八平二	车六上八	帅五上一	车九平八	车一上二	炮二上二
兵一上一	车六下一	帅五下一	炮二平五	象七上五	炮五上三

（二）

马二上三	车一平四	士四上五	车四上七	马八上九	车九上一
炮八平六	车九平六	象三上五	车六上七	车一平四	车六平六
炮二平一	炮八上四	车九平八	炮二上六	兵七上一	炮二平五
炮六上七	炮四上七	炮六下九	炮五下二		

（二·二）

| 马二上三 | 车一平四 | 车一上一 | 炮八平七 | 象七上五 | 车九平八 |
| 炮二平一 | 炮七平四 | 车一平六 | 炮二上七 | 车九平八 | 车四上七 |

（三）

| 象三上五 | 车一平四 | 炮八平六 | 炮八平五 | 马二上四 | 车四平六 |
| 车一上一 | 炮二上六 | | | | |

（三·二）

象三上五	车一平四	士四上五	车四上七	马八上九	炮八平四
马二上三	车九平八	炮二平一	车八上八	炮八平六	炮二上六
车九上一	车八平五	士六上五	炮二上一	士五下六	车四平一
象五上七	炮四上七	车一上一	炮四下一		

（以上所传曾、黄开局法）

（四）
炮二平六　车一平四　士六上五　车四上五　马二上三　炮八上二
车一平二　炮八平一　炮八平九　车四平三　象三上五　车三平一
车二上四　炮一平二　马八上七　车一平三（任初拟局）

（五）
炮八平四　炮平八五　马八上七　车九平八　马二上三　炮二上二
车九平八　炮二平三（任初拟局）

（六）
炮二平五　车一平四　马二上三　车四上七　车一平二　炮八平四
马八上九　炮四上七　炮八下二　炮四平六　马三下四　车九上一
炮五平四　车九平四　马四上三　车二上六（上）　炮四平五
车四平六（上）（任初拟局）

（七）
炮八平五　车一平六　马八上七　车六上七　车九平八　炮二平六
马二上一　炮六上七　炮二下二　炮六平四　马七下六　炮二上六
车一上一　车九上一　象七上九　车九平六　兵三上一　车六上六
马一上三　车六平七

（八）
炮八上二　车一平六　士四上五　车六上七　炮二平四　车六平八
炮八下三　炮八上七　炮四下二　炮八平六　炮八平二
炮六平九（任初二月九日对谢再绵开局）

1939年2月7日

晴。

简毕裁答，亭午乃毕。坐远源庄头，饶众里人双马，迎战正酣，一名白发老人亦举手助战，众吁其独当一拳，慨然就坐矣，凡十回合，始叩来将何人，则里耆张永福也，华侨领袖，其效可睹，亦耳其能棋之名，观其举子，趾高进锐，不负当行出色人物，而失先退速，旋亦随之，让先一局，胜得殊妙，得先一局，抽矢扣轮，窥其兴犹未阑，一少年前夺先挤之，甫交手蹶矣，矍铄哉，此老也。录迩日文稿寄荪，借移示塾中子姓。

1939年2月10日

晴。

午为庄头写悬轴四帧，颇卖气力，一饭一剑，一字一缣，昔闻其访，今无其事，目瞑意倦，聊复为之尔。器儿禀来即复，附与人二札，入人事类编。

夜偕里友（谢再绵、张）赴香岛弈坛，应冯敬如之约也。是夕开幕，冯、方悬子走子一局和，极一时棋社之盛。吴兆平亦为坛主，极致钦挹。朱剑钊半载不晤，与言前月在东山对黄汉让左马三局，汉不敢夺弃炮。予曰取之庸何伤。今夕晤剑钊，语之对一局如下：

炮二平五（黄汉）　马二上三（先）　马二上三　马八上九　兵三上一
车九上一　车一平二　炮八平七　车二上七　象三上五（以上十着系原局）
车二平三（任初）　马三下五（朱）　车三平一　车九上一　炮五平四
车九平六　车九上一　车六上一　炮八平五　炮二上二　兵五上一
炮二下一　炮五下一（上）　兵三上一　炮五上一（上）　车一平二
车九平六　炮二上六　兵五上一　炮二平一　马三上五　车二上九
马五上六　车二平三　帅五上一

1939年2月12日

日在禺中，独憩棋坛，詈诉西风，深谢东道，弈徒渐集，谈言微中，廉泉之惠，群饮而甘之，每局公彩半金之半，方、黎、黄袁互对五局，一日之间，所得多矣，如此消磨，亦不传之秘也。晡归乃博一饱，与乡人弈，舍马不驭，几无可挡一拳矣。

1939年2月13日

夜对沈五马二先，开局极正，而有雄奇之致：

炮二平五　马二上三
马二上三（让左马）　车一平二　车九上一　炮八平七　炮八平七
马八上九　车一平二　车九上一　车九平四　车二上四　炮二上七
士四上五　车四上三　车九上一　车二上六

比日对客马二先，河头炮屡上三路兵，可不必也：

炮八平四　马八上七
马二上三　车九平八　车一上一　车八上四　车一平六　炮四上二

车六上三（不必兵三上一）　炮二平四　车二平八　炮四平七
炮二平一　马二上一　象七上五（以此开局较妥）

1939 年 2 月 15 日

晴。

视胡伯翁疾，言将以献岁归矣，之子于归，卜云："其吉，鸷鸟归巢；征马踟蹰。"讵无首丘之情，不敌琐尾之惧耳。夜遇里人以屏风马应局，记弈工言：屏风马遇让双马者必负。创而曾、黄传谱所未详者，思之思之，鬼神将告之（附入初六日所记表）。

夜坐，李雁晴自温州道上海过此相访，二书未复，询及门人。今日之事，一见万金也。

1939 年 2 月 16 日

方绍钦来视所为让双马局二表（炮二上二，车一上一）而善之，尚应有象三上五开成诸局自为一表。属彼为之，所谈弈理类，非他手所能道出，如云：应局之中屏风马较浅，十着见效，单提马较深，十数着后始见效，穿宫马则更进矣。午观与族孙（文雄）弈至七局，令人陶然，而穿宫马仍未圆熟也。晡后自有会心，神游目想者久之。

1939 年 2 月 18 日

昨今二夕对南澳吴生（承铿）弈凡十局，彼约长先不让子，我自借此温理各种应法，不免剿说①，期无雷同，执柯伐柯，或以其人之道，子矛我盾，还治其人之身。据曾子所传，名目亦仅十数，准方氏之说，无局不可相应。吾斯之未能信子。盖归而求之，心知其意，学无常师，它山之错，非子也邪。戏语吴生曰：不让子之约亦可行，但子此夕亦必能胜一局为约，不然不得辞归。二夕十局（一一五二至一一六一局），仅获一和，群与拊掌大噱也。隔江后庭花，一声河满子。离宫商女，绮艳相高。天宝宫人，凄清欲绝。那堪正漂泊，明日岁华新。漏尽未寐。

【注释】

①剿说：抄袭别人的言论为己说。

1939年2月19日

曾二（启图字展鸿，香山）来贺岁。

估肆循例自有年事，适香港弈人新设棋坛（庄士敦道八号）名曰"香岛"，自今日始，名手互弈，借此金门大隐，闲者便是主人，无须守株，逐众阿诺，亭午趋赴，有朋盍簪，觅侣分东，各适其适。或不以齐大之非耦，或不惜折节而下交。只流丁丁之声，各抽乙乙之思（陆机《文赋》：乙乙其若抽）。持重者为老成，识机者为俊杰。是亦南皮之会，蔚兹南国之光。有冯敬如、钟珍、方绍钦、吴兆宁、邓飞、朱剑钊、黎子俭、袁包通、左焕章、陈吉初、梁茂先、崔星槎、黄文瑞，新进有何志荣、陈洪顺、叶振成、张士奇辈，相与抗衡，一室听漏长夜，遂亦忘其所寄何地，所生何世。遭世之乱，鬻伎者靡所得食，谋生者无复余财。道既不奠，伎亦难进，客也遁逃至此，与为皈依，孰得孰失，犹能辨之。亦有故误以枉周郎之顾，断弦以测蔡女之聪。五弦六幺，相说以解。难记豫州之官爵，可让世人以一先。有眼皆青，无怀不白，信天涯之良，觌置理乱石，暂忘者乎。夜分始归，佳谱盈目，拜赐良厚，覆视俱存。

1939年2月23日

晴。

今晨始展客坐一角，拂研作书，端寸楷三百余字。（家书来即复。）检四日来所记各谱，几及四十局，名手对弈者半，让子者亦半焉。往时记谱多不及让子者，自分力不足让人，亦不肯让于人，而名手又艰于作对。禄不足以偿其耕，力不甘漫斗诸原，一日或艰百钱之酬，亦千金难买一声之响。颇审其趣，时有同心，一饭之恩，重于宝剑。不惜为君一奏，深恐更无知音。千载余情，击筑吞炭，不遇识者，亦复不值一钱耳。降而思其次者，步兵当敌，舍马不御，复有术以息国高之鼓，掩却最之旗，斯又知巧，兼忧心手交得者矣。兼窥其术，罕以示人，入春浃①旬，善刀而藏，间值叩关，未遑攘臂②。既不为天下先，亦不妄居人后。欿③然若有不足，当之乃不可胜。怀此旧矣，述之未尽也。

【注释】

①浃：整个儿的。
②攘臂：捋起袖子，露出胳膊表示振奋。
③欿：不自满。

1939 年 2 月 25 日

晴。连日煦暖，逾华氏表七十度，苦旱亦已久。

入春七日，未与人分垒而阵，眼愈高而手愈疏矣。与黄琼楼弈，四先及单马二先，弥月不改，今夕分先试局，以观最短杀局着数，第一局一先亦费百又四着而后定局，彼之过宫炮的有过人之处。第二局让以双马，至百十七着亦得局（一二〇六至一二〇七局），始信四先与马二先及双马三种，性有不同，力则不大相远也。

1939 年 2 月 26 日

雩。

午细雨不足湿阶，晡出观局，诸弈工块坐无叩关者，与方绍钦习让左马破弃炮陷车局，又添一变局，眉入去年十月六日日记。

1939 年 2 月 27 日

夜对宗人四先三局，让双马一局尤佳，开局为：

车一上一　象七上五　车一平六　马八上七　马二上一
车六平八　炮二平四　炮八上二　士六上五　炮二平九　兵三上一
炮九上四　马一上三　车八下二　马三上五　兵五上一

1939 年 3 月 2 日

既晡，欲寻弈徒，仍不果行，二更观里人对局，盲人瞎马，别具天倪①，绝口不言，善养吾本，无成心之诣，入寝大熟。

【注释】

①天倪：自然的分际。

《因树山馆日记》 第十六册

(1939年3月11日—7月25日)

1939年3月11日

雨黔相间。

今日明日，众弈工被邀卖艺博钱，振无告者，约予为棋场证人。日中而往，戌尽乃归，因以纵观斗知之伎，高下一间，无从假借也。夜钟珍与冯敬如对一局，历三小时，只下七十余着，未能终局，可谓极尽心力之作，粤东今日推此二子矣。

1939年3月12日

昼阴夜雨。

旁午又往掌棋政事，密云欲坠，春风风人，拜将登坛，高于岑楼，山雨欲来，旌旗飞动，危台临水，排闼①送青，为乐为悲，览者自得之。昨今二日，忝②窃司令，复为冯妇③，杂诸楚咻④，士噪于庠⑤，众嚣于市。引吭不足，助以声筒，舞勺而佻⑥，蒙以面具，魋结箕踞，以见陆生，断发文身，不耻泰伯，习为夷礼，则夷之然，猷叹夷狄，有君进于中国，则中国之而何以新子之国。厕身胜母，已同行尸，过车朝歌，无计掩鼻。所司不外一枰⑦之间，所思局于方罫之内。一日无三，失伍终朝，亦十获禽（两日得佳谱十余局），信橘林⑧之纯甘，艺圃之仙果矣。只以绝调，难遘赏音，泥泞载途，骈阗⑨稍间，若辈江湖糊口，格簺⑩为生，吹竽王前，弹铗车侧，往往诡遇⑪，以博宾欢，草草露布，何当弈旨。我以偷活，来过夷门，亦逢有心，击磬于卫⑫。知先生不为妄叹，微武子吾谁与归。则亦竭知殚精⑬，思入无间，为之击筐弭笔，载入爱书，虽好事者为之，亦此中人语云尔。

【注释】

①排闼：推门，撞开门。如两山排闼送青来。
②忝：辱，有愧于，常用作谦辞。
③冯妇：人名。比喻再干旧行业。
④楚咻：比喻所处环境不好，做事不能有所成就。
⑤庠：古代指学校。
⑥佻：轻薄，不庄重。

⑦枰：棋盘，棋枰。

⑧橘林：指象棋界。

⑨骈阗：聚集一起。

⑩簺：即博戏格五。

⑪诡遇：比喻用不正当的手段去追求、取得某种东西。

⑫磬：古代打击乐器，形状像曲尺，用玉、石制成，可悬挂。孔子击磬处位于河南卫辉市市区南关附近的击磬路上，《论语·宪问》记载"子击磬于卫"。

⑬竭知殚精：用尽全部智慧，竭尽心智。知，通"智"。

1939年3月13日

夜对里人（琼楼），坐对诸局，存尤善者让一马二先及让双马各一局。

（一）

炮二平六　马二上三（客二先）

炮八平五（让左马）　车一平二　车九上一　兵七上一　车九平四

士六上五　车四上五　马八上九　兵一上一　炮八平七　炮二上四

炮六下二　炮二平五　马三上五　炮五上四　象七上一　车四平一

兵七上一　马二上一　兵七平六　马一上二　炮六平七　马二上四

炮七上七（上）　士四上五　车二上四　马四上三　帅五平六

象七上五　炮七下一（上）　车一平四　炮七上三（下）

车四上四　帅六平五　车一上一　车九平七　车一上二

炮七平六（下）　车四上二　车二平七　马二上四

（弃象驰马，的颅的颅，一跃檀溪，天下不足定矣）

（二）

炮二上二（让双马）　象七上五　炮八平五　马二上三　车九平八

炮二平一　车八上六　炮八平六　车八平七　马八上九　炮二平七

马三下一　炮五平四　士六上五　炮五平一　炮六下一　车七平四

车九上一　车一平二　兵九上一　车二上九　炮六下一　炮七平五

车九平六　车四上二　马九下八　车四平二　车一平二　炮九上二

车二上六　炮九上一　车二下六　炮九下一　炮一平三　象三上五

车二上六　炮九上一　车二下六　炮九下四　车二上四　兵七上一

炮三平一　车二上一　炮一上三　炮九下一　炮一下一　车二平三

兵七上一　炮九平一

（以正局胜之者，所以可贵）

1939年3月15日

彀。

续成《释文》，惠及藏获矣。……

记让（炮二平六、马二上三、车一平二、兵七上一）一局。夜与客弈四局（四先二局胜一、和一，让马二先胜，双马胜），诸局俱佳（一二八八局至一二九一局），亦以见此三种让法力量相侔，就中四先一局可为月来数十局之定局，此后客亦改局矣，特录之。

炮马车兵（琼楼四先）

马八上七	马八上七	车九平八	兵三上一	马二上一	马七上六
炮二平四	马六上四	象七上五	车二上六	车一平二	炮八平七
车二上四	马四上三	炮四平七	车二平三	炮八上四	象七上五
炮八平七	车三平五	车八上八	士六上五	车八平六	象三上一
车二上四	车九平七	车二平四	兵三上一	兵一上一	兵三上一
炮七下二（下）		兵七上一	士六上五	兵三平二	
炮七平八（上）		车五平三	炮七上七		

1939年3月16日

晡入弈乐园，盘桓及于中夜，悟入益邃，恐并此区区者而无知我者矣。所存谱乘亦等糟粕，寸心使运，笔记亦有穷时也。

1939年3月17日

夜与吴生坐对五局，局自为法，殿军一阵，尤为妙悟，弃马抢杀，所争者只一鞭之先，深于《橘中秘》者知此道耳。（第一局屏风马，第二局单提马，第三局同上，第四局新式屏风马，第五局列手炮）如下：

炮八平五	炮八平五（列手炮法）		马八上七	马二上一	车九平八
车一平二	车八上四	马八上七	马二上三	车九平八	炮二上二
车八上四	兵三上一	兵九上一	车八平四	马一上二	兵七上一
车八平四	士四上五	炮五平四	车一平二	马二上一	马七上九
炮二上七	车四上三	象三上五	炮五上四	士四上五	车四下一
马七上五	车四平五	炮二平一	炮二上五	车二上九	象三上五
车四上四	帅五平四	车二平三	车二上八	车三平四	帅四上一

车四平五　车五上一　车四平五　马三下五　炮四上六　帅四上一　车五平六

1939 年 3 月 18 日

雱。

亘日与客坐隐，可存者六局（一三一〇局至一三一五局），枕上犹推敲也。

1939 年 3 月 20 日

夜与吴生续坐四局（第一局应叠炮局，第二局同上，第三局三七炮，第四局反攻马），计两夕九局，凡七应法外，此只有顺手炮及上象局，则应中炮之法大别之，有九种。

1939 年 3 月 25 日

雨下霡霂，百无聊赖，坠甑何顾，刻舟奚求，竟日与里人坐对，并入《畴盦坐隐》集（让谢双马三局，沈五四先一局，钟一先一局，黄双马一局），不为嚣嚣，亦憪憪尔（一三五〇至一三五五局）。

让双马开着有炮二上二、车一上一、象三上五、炮二平五、兵三上一五种，首二种用之最多，亦已立为二表，实上卷日记中（车一上一之下有象三上五无象七上五，此局曾子有解法），第三种稍复杂，约方绍钦制表而未就，第四种炮二平五之后须续走炮八上二，是可纳入第一种之中，第五种闻罗天阳特擅胜场。

1939 年 3 月 26 日

夜有佳谱（让黄四先一局，一三五九局）。

象七上五　炮八平六　马八上七　车九平八
炮二平五　马二上三　马二上三　兵七上一　车一上一　马七上六
车一平六　炮二平一　马八上九　车一平二　车九平八　车二上六
炮八平七　车二平一　炮七上四　车八上一　炮五平七　车一下一
车八上四　车一下一　车八上三　马三下五　车八上一　炮一平四
车八平六　车八上四　炮七平八（上）　象五上三　车四上六（下）
马五上四　车六上一（上）　帅五上一　车六下一上　帅五下一
炮八上三　象三上一　车六平七（下）

应四先用中炮此局其先河也，凡四十一着而定鼎，后手仅得十九着耳，解牛养生，同此肯綮。

1939年3月27日

  遇让双马不应应屏风马（方绍钦言），然亦无破之之成法，今日一局（对联军，一三六三局），开得极佳：

炮二上二　马八上七　炮八平五　马二上三　车九上一　车九上一
车九平四　车一平二　车四上五　兵三上一　车四平三　车九平六
炮二平三　车六上一　车一平二　炮八平九　车二上七　炮九上四
炮五平三

1939年3月28日

  晴。

  上日记应中炮第一着凡九种，已用以应吴生者七种，今夕得顺手炮一局，虽橘中成法，然变着殊佳，作者可作，不易吾言（翌日示方绍钦，以为佳构）。

炮八平五　炮二平五　马八上七　马二上三　车一平二　车一上一
兵三上一　车一平六　士四上五　车六上七　马二上一　车六平八
炮二平四　马八上九　车八上五　车九平六　兵三上一　兵七上一
车八平三　炮五平六　炮四平三　象三上五　车七上二　炮六上二
马一上三　炮六平九　炮三平一　车八平七（上）　　炮一上三
炮八上七　士五下四　车七上一　车一平二　车八上九　士六上五
兵九上一　马三上四　车七下七　马四上三

1939年3月29日

  晡入弈乐园周流车马之间，凡得十二局（一三七六至一三八七局），归庄骤富也，亦既觏止，薄言采之、攘①之、剃之，披拣之劳，概可见矣。

【注释】

①攘：古"让"字。引申之使人退让亦用此字。

1939年4月1日

  晴。和煦，只任单衣，午七十六度。

  裂帛书联，完此心事。录稿宪言女辈肄习之。午感急甚，不能隐几。

弈工粤人吴（劻平）来授"破让双马局"凡七局，吴以饶子负盛名，叩其所受于师者，则走新加坡时得之于潮人豆皮仔黄珍，而积以经历者，是自可珍也（入《开局》一卷）。

　　夜招吴生续演飞象局（外六局，一三九三至一三九九局）。

1939年4月2日

　　霒。亭午骤雨，及时甘霖也，晚凉，六十六度。

　　静坐永日，颇戒启口，有客则坐，无客则卧，坐次卧阒，时窥真际。憧憧不逮事者，费思不尽其奥也。

　　存夜弈一局：

炮二平五　马二上三　车一平二　兵七上一

马八上七（对黄四先）　马八上七　车九平八　车二上六　炮二平四

炮八平九　马二上一　车九平八　象七上五　炮九上四　车一平二

车八上九　马二下一　炮九上三　兵七上一　马七上八　马二上一

炮六平九　马一上二　车二下二　炮八平九　车二平四　士六上五

炮九平八（下）　马二下一　兵九上一　车八上六　士六上五

车八平七　象七上五　炮九上四　兵九上一　炮九平五　兵九上一

马一下三　炮九平八　炮五下二　炮八平七（下）　马三上四

马八上七　兵七上一　车四上二　车七平二　马三上五　车二下六

炮七下二　车二上九　炮七平六　兵七上一　马五下七　车二平一

车四下二　炮五下一　马七上八　炮四上七　马七下六　兵五上一

兵七上一　马四上三

　　至此已定鼎，以后车四平五、兵五上一、象五上七、象五上三等着可不必记。如此四先法已辍演月余，今夕改攻守，精练逾前，是可喜也。四十六着变车四上二为马七上六迫杀，则炮四平三消之，亦得一子。

1939年4月3日

　　晡吴劻平来传"破饶双马开横车上车"五局，与之对一局，让先得先手和。谓予为二等手开局，诸者着三等：

炮二平五（吴先）　马八上七　马二上三　马二上三　车一平二

车九平八　兵七上一　兵七上一　马八上七　象三上五　炮八上二

炮二上二　兵三上一　马七上八　车二平一　兵七上一　炮八平三

士四上五（不如炮八平上）

车九平八	炮二平七	炮三平二	炮七上二	车一平二	车一平四	
士四上五	车四上四	兵五上一	车四平七	马七上五	炮七平六	
炮二上三	车八上二	车八上七	马三下四	（不如车七上三）		
马三上四	车七平六	车二上五	车八上二	马四上二	车六平八	
炮五平九	兵一上一	象三上五	炮六平一	马五上三	车八平七	
车八下四	炮一下一	马三下四	象五下三	车八上三	马四上五	
车八上三	士五下四	车八平五	炮一上一	车七平八	炮一平六	
车四下六	车七平六	车八平九	马五上七	炮九上三	象七上五	
兵七上一	车六下三	兵七上一	马七上八	象三下五	车六平七	
象七上五	车七上五	车六平六	士六上五	车六上三	炮六上五	
炮九下二	马八上六	炮九平四	车七平六	帅五平四	炮五平九	
车六平五	兵九上一	车五平二	兵九上一	兵五上一	车六下一	
兵五上一	炮九平六	帅六平五	炮六平二	兵七平六	车六上一	
车二下三	炮五下一	车二平五	车六下二	车五上一	车六平五	

1939 年 4 月 4 日

　　吴劭平来传"破饶双马上横车（进七路兵）"四局，连三日都十六局是为正局，质言之应炮二上二者必用马八上七，应车一上一者必用马二上三，非此则任何应法必为饶子所乘。信不刊之论也（存《开局法》中）。

1939 年 4 月 6 日

　　晡吴子来传"先横车后河炮""先河炮后横车"各绝局，并入《开局》篇。夜乃有佳局（一四二〇至一四二二局），最其尤者一局。又文雄俚孙代四先一局特佳（一三三四局）。

象七上五	炮八平六	马八上七	车九平八	
炮二平五（应四先胜）	马二上三	马二上三	炮二平一	
马八上九	车一平二	车九平八	车二上六	炮八平七	车二平一
炮七上四	车八上六	炮五平七	马三下五	象三上五	车八平七
士四上五	马五下七	车八上八	士六上五	车一平四	马七上八
车八平六	车一下一	兵七上一	帅五平六	马九上七	车一下一
马七上五	车七平八	马五上六	车一平四	炮七平五（上）	
帅六上一	炮五下二	马八上七	炮五平三	车八平七	车四上六
车七平八	炮三平四	车四下一	车四平六		

三十二子仅兑去二双兵卒，其余二十八宿俱在而已，入不能解之局，异数也。

1939年4月7日

晴。

南澳吴生来共坐达宵，得局六。

1939年4月11日

人有恒言论开局：黄松轩善用中炮局，冯敬如善单提马局，罗天阳善斗炮局。论残局黄善用车炮局，卢辉善车马局，冯敬如善马炮兵局。曾展鸿尝云："炉火纯青者吾未见其人也，今者单车来赴之何如哉。"看人弈亘日，入夜自得一佳局（一四五三局）。

1939年4月12日

广东新会吴兆平口授"破饶双马局"，凡五日毕三十三局，计"破巡河炮"九局，"破横车进车局"七局，"破横车进兵局"四局，"破先横车后河炮局"七局，破"先河炮后横车局"二局，"破中河炮"二局，都为一卷，入《开局法》篇。

1939年4月14日

午自理谱，新会吴兆平来演陈"双马局"十余局，以炮二上二者必应马八上七，以车一上一者必应马二上三，否则则改应何着皆有局可入以操胜算。比日演车一上一应以炮八平五、士六上五、士六上五、马八上七都十六局，并有出奇制胜之法在焉，所得于师，得于心，馈于是，鬻于是者，垂四十年。外尚有"破让单马法""擅让单马法""让二先必和法""让三先必胜法"，将一一奏诸君前，倾囊倒箧以相与也。让子让先并世舍鄂人罗天阳外，计莫与比肩者，亦能知负伎不传，秋草同例，又自矜绝局，天甚秘方，弥深感遇。一朝报知百局，术也，而可进于道，进之，乃独完性真。秉笔存之，道不在远，至于其人，名山之数，则并付诸造物而已。

兆平评阅昨夕对客四先三局，谓客艺亦不在四等以下，客黄琼楼也（一四五七至一四五九局）。首局尤得以守为战，不战而胜之旨，冯敬如饶善斯法外，此不多靓矣。

1939 年 4 月 16 日

夜应四先一开局，神来之笔。

马八上七	炮二平四	马二上三	车一平二
炮八平七	兵三上一	兵七上一	车二上四	兵七上一	车二平三
炮二下一	马三下一	炮二平七	车三平二	马八上九	车二上三
车一上二	象七上五	车一平六	士六上五	车九平八	车二上二
马九下八	车九平六	马二上三	车六上四	马八上九	马一上二
马九上七	象三上一	车六上四	马二下一	车六平九	象五上三
象七上五

1939 年 4 月 18 日

谢侠逊约冯敬如二先时不许挂中炮，黄琼楼四先于我未用过中炮，今夕三局反是应之胜，开局如下：

一局：

炮二平五	马二上三	车一平二	兵七上一
马八上七	马八上七	车九平八	车二上六	马二上三	马七上六
兵七上一	车二平三	炮八下一	车三下一	炮八平七	车三平六
车八上八	马六上四	车八下四	车六上三	士四上五	马四上三
炮二平七	车四下六	炮七上五（上）	炮五下四	马三上五
炮八平三（已得一子）

二局：

炮八平五	马八上七	车九平八	马二上三
马二上三	车八上六	车一平二	兵三上一	马八上七	马三上四
兵三上一	炮二平四	炮八平四	车一平二	炮八平三	象七上九
象七上五	车二上七	车九平七	炮四平三	士六上五	炮五平四
炮二平一	车二上三	马三下二	马上六四	车七平六（得先，卒得一子）

三局：

炮二平五	马二上三	车一平二	马八上七
马八上七	兵七上一	车九平八	车二上六	马二上三	马七上六
兵七上一	炮八平七	车一平二	车九平八	士四上五	车二平三
炮八下一	兵七上一	炮八平七	车三平四	车八上五	兵七上一
车八平四	兵七上一	炮二上四	车四上二	炮七平九	兵七上一

车四平三（得先）

1939年4月19日

吴兆平推演"双马局"首着车一上一不应以正着（马二上三）则悉可破，今夕毕此类局为数三十又五，计破炮八平五者五局，炮二平五者六局，士六上五者二局，士四上五者三局，象三上五者一局，象七上五者一局，马八上七者九局，马二上三者（屏风马）四局，兵三上一者一局，兵七上一者一局，又破炮二平六一局，炮八平四者一局。富哉言乎（入《开局法》）。

1939年4月21日

兆平来布"双马局"第一着进炮河头（炮二上二）者毕十五局，复极口推昨夕所应四先一局（一四八九局），因录如下：

炮二平五	马二上三	车一平二	兵七上一		
马八上七	马八上七	车九平八	马七上六	马二上三	马六上四
炮八上四	士六上五	车一上一	炮八平六	兵七上一	马四下六
炮二上三	马六上七	炮二上一	车九平八	炮二平三	马七下六
象七上五	兵九上一	兵一上一	兵九上一	车一上三	象七上九
马三上四	兵七上一	车一平三	马六上八	炮三平七	马三下一
炮八平五	车二上九	马八下七	帅五平六	马八上七	炮五平四
兵七上一	炮四平三	马四上六	炮三上二	炮五平四	炮六平五
炮四下二	马八下九	马六上四	炮五下六	马四上六	炮六平五
马六下七	马九上七	炮七平四	帅六平五	炮四平五（下）	
马一上二	炮四下一	车八平六	炮四平五	车六上三	马七上六
帅五平六	士六上五	马二上四	炮五平四（下）	车四平三	
马六上四	炮五平六	马四上三			

1939年4月23日

吴兆平来续述"让双马"局，首炮二上二法都五十八局，此为第三卷。计破兵七上一者五局，兵三上一者二局，象三上五者四局，象七上五者一局，炮八平五者七局，炮二平五者五局，马二上三者六局，马八上七者十五局，炮八上二者一局（此局特佳，弈人亦鲜知者，首十六着为炮二上二，炮八上二，象七上五，炮二平五，士六上五，马二上三，炮二平八，车一上一，车一平二，炮八平六，车九平六，马八上七，车二上六，炮六下二，车二平三，车九平八），又炮二上二者一局，马八上九者一局，马二上一者二局，炮二平六者三局，炮八平四者一局，士六上五者四局，合上共三卷凡一百二十五局，篇法我自定之，议局则彼三十年积瘵而成者，合与曾、黄开局法四十八局联珠双宝矣（告旦日赴澳门，馈赆十金）。又为评骘①昨夕对局，指予斗炮一局名将风流，特录于此：

炮八平五（吴承铿先）　炮二平五　马八上七　马二上三　车九上一
车一平二　车九平四　车二上六　车四上七　马八上七　车四平三
炮八上二　车三平七　马七下五　车七平六　车二平三　炮二平四
炮八平三　马七下九　炮五上四　士四上五　车三平一　炮四下一
车九平八　马二上三　炮五平三　象七上九　车一上一　士五上六
车一上一　炮四上三　车一下三　兵三上一　炮三上三（上）
士六上五　炮三平一　帅五平四　车八上八　车六平八　车一平三

且曰诚不料子伎至此，历观吴各局，艺亦可殿三等（又不信予能让吴一马一先，今存一一一八局可证，二月十一日），子则不愧二等手，若就步度论之，一等手亦不过，更与名手对局，加以纯熟，伎能当度越我辈。此则士元称人，常愈其量也。

今夕对琼楼四先三局，应法各不同。第一局应上象局，第二局应屏风马，第三局应单提马（一五〇〇至一五〇二局），并皆佳妙，应四先之局三月有奇，上象局迄未敢轻试，逆知其难而密也，今局开至三十余着兑尽四车连骑渡兵，至百又五十余着乃告定鼎，竭尽心力，彼此同之，开局至夺先如下：

炮二平五　马二上三　车一平二　兵七上一
象七上五　炮八平六　马八上六　马八上七　马二上一　车九平八
炮二平四　车二上四　车九上一　车八上八　士六上五　马七上八
兵一上一　士六上五　炮八下一　车二平四　炮八下一　车八下一
炮八平六　车四平二　车一平二　车八上二　马一下二　马八上七
马二上一　马七下九　马六上八　炮六平七　马一上二　马九下八
炮六平八　车二平四　车九平六　车四上四　马八下六　兵七上一
马二上一　炮七下一　兵七上一　兵七上一　炮四上四　兵五上一
马一下二　炮五平七　炮四平三　炮七上二（下）　马二上三
马三上五　马三下五　兵三上一　炮八平七

【注释】

① 评骘：评定。

1939年4月24日

理谱。夕以"上象局应中炮四先"，复得佳局，改上夕单提尤得法，客黄妙着迭出，八月共坐，知之有未尽者如此，尚敢以皮相，信口轻量天下士哉。是夕得二局，几三小时，胜一和一（一五〇三至一五〇四局），客和局尤佳，因存开局仅录胜局。

炮八平五	马八上七	车九平八	炮二平四		
象三上五	兵三上一	马二上四	马二上三	马八上七	车一平二
车九平八	车二上六	士四上五	车二平三	炮八上四	车三平四
炮八平七	象三上一	车八上四	车八上四	炮七平三	象七上九
兵三上一	车八上二	兵一上一	马三上四	车一平三	马四上三
兵三上一	车四上二	车三上三	车八下五	车三下一	车四平三
车三上二	车三平四	车八平六	车四下三	车三平六	士六上五
兵三平四	车八上五	炮三下三	马七上六	车六平四	马三上五
象七上五	马六下七	车四上二	炮四上六	车四平三	马七下六
士五下四	兵五上一	马七上六	炮五上四	马三上五	车八上一
马五上三	车八平五	士六上五	兵五上一	马六上七	象一下三
马三上二	马七上六	马七上五	象三上五	马二上三	帅五平六
车三平四					

1939年4月25日

日暮邂逅弈工（方绍钦），巷曲就人（崔星槎），仄楼质以比日各局症结所在，一经指点，顽铁成金，积思之余，深拜棒喝。又布"双马局"十余局，以象三进五及开局者五局，炮二平五者三局，又吴兆平所未及者，并以实诸《开局篇》。复与星槎对二局，星槎号三等手，让一一先远非予敌也（一五〇四至一五〇五局），吴兆平亟推此局。

1939年4月29日

晨雨午霁。（器儿禀来。）

毕记已午，里人王学仁弟昆来会，吴兆平弈能知此中要领者，兆平垂晡布局十余，补双马百局所未及者，云将以翌二日涉帑妈阁矣。授局未完，至为念注耳。入夜传有烽燧之警，数问夜如何。

1939年4月30日

嘱吴兆平写单马局，得五局，云所未尽者以柬补之。其言曰：破双马难，破让单马易，让双马怕输，让单马怕和。又曰：应三先以上最多九先之法，总以上象局为是。屏风马单提因常受困到底。夜得二佳局果验（一五二六至一五二八局，存六局）。

炮二平五　马二上三　车一平二　兵七上一
象七上五　炮八平六　马八上六　马八上七　马二上一　马七上六
炮二平四　马六上四　车一平二　士六上五　车二上四　马四下六
炮四上五　士五上六　车二平四　车二上四　炮八上二　士六下五
炮八平七　马三下一　车九平八　车二平四　车八上八　车四平三
车四上一　炮五平三　车四平七　炮三上二　车八平九（已大双马。吴兆平说好）

1939年5月1日

晴。晡微雨。

家书来即复，并柬室人，柬峻六。

吴兆平来述毕"双马局"，凡一百三十余局，"单马局"七局，且日别去，算完一段艺术姻缘也。理谱。

1939年5月7日

晴。斗热，有绨绤者，午达八十五度，初展风扇，时助以箑。汕头人来言："他徙者什七矣。"晡仍传警，喟喟东望，奚补救亡哉。

午沈成志招登茶肆，糍饼充筵，酸咸殊者，食今不化，惟味亦然，殊爱冷饮，独手巨觥，并有剧棋，亦博雅趣。沈生（茂先）三月之别，刮目相看，非粗心人（一五五四及一五五五两局），不苟下子，移此坐次，竹里松间，当有思入，风云道通有无之外者，生此尘隘，落想都非。

前人喜用士角炮，今术进矣，谢侠逊以炮八上七破炮八平六，予今午一局，更为佳范，特存之。

炮八平六（沈先）　炮八平五　马二上三　兵三上一　马八上七
炮二上四　炮六上二　马二上三　车九平八　车一平二　车一平二
兵五上一　象七上五　马八上七　炮六平三　马七上五　炮二上七
马五上七　炮二下四　兵五上一　兵五上一　马七上五　炮二平五
马三上五　炮五上二　马五上六　帅五上一　象七上五　帅五平四
士六上五　车二上四　车九平六　帅四平五　马五上六　帅五平六
兵七上一　士六上五　兵七上一　兵三上一　马六上七（下）

车二下二　马七上六　车八平四　马六下五　车四上九　士五下六
兵七上一　炮二平四

1939 年 5 月 9 日

应炮二平五、马二上三、车一平二、兵七上一四先之法，当以今夕二局开法最善（一五六五至一五六六局），录开局如下：

第一局四先：
马八上七　马八上七　车九平六　车二上六　兵七上一　车二平三
马二上三　车三下一　炮八下一　车三平六　象三上五　兵三上一
炮八平七　象三上一　士四上五　马七上六　兵三上一　车六上一
兵三上一　车六平七　兵三平四　车七上一　炮二上二

第二局同上四先：
象七上五　炮八平六　马八上六　马八上七　马二上一　车九平八
车一平二　车八上五　炮二平四　车八平四　车九上一　士四上五
炮八下二　兵三上一　士六上五　炮五上四　马六上八　马三上二
兵一上一　帅五平四　马八下六　马二上三　炮八平六　车二上九
马六上五

1939 年 5 月 13 日

晴。

三日平添新局廿许，午杜观因来对二局尤佳，更有几人能识我，不可一日无此君矣。

1939 年 5 月 16 日

昨夕吴客（承铿）迎拒数局，并以单提马应之，三局开法同，攻变都好，应法弥妙。

开局：
炮八平五　马八上七　马八上七　马二上一　车九平八　炮二平四
兵五上一　象七上五　兵五上一　兵五上一

第一局：
马七上五　兵五上一　炮五上二　士六上五　炮二平五　车九平六
马二上三　炮八上四　兵三上一　车九上六　马五上七　炮四上三

马七上六　炮八下三　炮五平六　炮四上四　帅五平六　炮八平四
帅六平五　炮四平六
第二局：
车八上五　兵五上一　车八平五　炮八下一　车五平六　士六上五
炮二上五　马一下三　马二上三　车九平六
第三局：
马七上五　兵五上一　炮五上二　士六上五　马五上三　炮四上一
炮二平五　炮八上一　马三上五　炮四下五　马五上三　炮五上四
象三上五　车九平六　马三下五　炮八平五

并可补橘谱所未备也，料客日来必熟读此谱者，诘之鞯然。

高伯昂伎在里交中为巨擘矣，连偕杜观因来对，二日凡六局，录最佳者一局，弦不妄控也。

兵三上一（任初）　兵三上一（伯昂）　马二上三　马八上七
象七上五　车一上一　马三上二　车九平四　车一上一　车四上四
马八上六　兵七上一　炮二上五　炮二平八　马六上四　兵七上一
马四上三　马七上八　马三上二　士四上五　马二上四（下）
车四上二　车九平八　马二上三　车一平三　象三上五　车三上六
车一平二　炮八上二　炮八平九　马二上三　帅五平四　车三下三
炮九上四　士六上五　车四下三　车八平六　马八下九　车六上五
马三上四　炮八平六　马四下三　马四上六　士五上四　马六下八
马三上四　马八上七

1939年5月18日

《华字报·象艺周刊》，李善卿、苏天雄、周德裕合编，敷衍篇幅而已，不把金针度与人也。

比日论棋艺等第，谓一二三等之相去各以二先，即一等能让二等者二先，二等前茅能让二等中下者一先。今日无人能让以双马者可列三等，无人能让单马者可列二等，无能让二先者可列一等。何衍璿则谓十着之中无一弱着者方为一等，偶有一弱着而无一错着者二等，未十着而错弱着有二着以上不得列三等。此三种论法，就予目击而验之，一等与三等相去只有三先或单马，而不及四先。黄松轩让何醒武一先常胜，二先多负，何君之论自较近理。

1939 年 5 月 20 日

　　雨中吴兆平来评劾近作，助以多对名手，熟读《竹香斋》，去一等之域指顾间①也。晡后感倦，举棋辄误，入睡乃见深处。

【注释】

①指顾间：比喻时间十分短暂。

1939 年 5 月 21 日

　　终朝与里友杜、黄、吴会弈，夜以当头炮应四先中炮一局，信精力弥满之作矣（一六三三局）。又应杜观因一局，开局亦妙：

兵三上一（杜先）　象七上五　炮八平五　马八上六　马二上三
兵七上一　兵三上一　车九平七　马三上四　车七上四　马四上五
车七上三　炮二上二　车七下二　炮二下二　炮二上一　马八上七
炮二平五

　　至此各凡九着，已夺得七先矣，红只得二先，黑得六先又一子。

1939 年 5 月 22 日

　　清。发家书。

　　清缮①吴兆平续双马各局，午高、杜二友来访，与伯昂对三局（胜二和一），时骈足而观者十数人，鏖战二时许无踠②足者，原非晋楚争霸之局，辱诸侯壁上之观，仅率三军以武临之，心力所至，奇着横生，入夜静坐，不敢多临阵矣。

【注释】

①缮：抄写。
②踠：弯曲。

1939 年 5 月 23 日

　　晴。

　　静斋晨来谈，午渡海入姚宅久坐。夜伯鹏、万达弟来庄头观弈，此事日来渐有悟入处，苦热之下，舍此何求。

1939 年 5 月 25 日

热稍解，夜雨股友拥衾。

报"昨日汕市被二十余弹，练城尤惨，轰声列炬，汕民可闻可见"云。午雨湿街，有客有客，高、杜二子来隐橘中，各尽三局（一六五四至一六五九局）。

《华字报》载陈吉初分弈艺等级一表，多与予论吻合，剪而存之。吉初自言五十岁始学棋，五年之间卒成弈手。《书谱》云："思而老而逾妙。"斯人有之。

（眉批）一等棋：

一等一，为最高之名手，作为标准，能饶下列各等级：

一等二，十局棋六局先。一等三，十局棋七局先。一等中，十局棋八局先。一等尾，十局棋九局先。

二等棋：

二等头，长一先。二等二，两局一先，一局二先。二等中，一局一先，一局二先。二等尾，长二先。

三等棋：

三等头，三先或单马。三等中，一局单马，一局马先。三等尾，长马先。

四等棋：

四等中，一局马先，一局马二先。四等尾，长马二先。

五等棋：

五等长双马。

举分五等，以被饶双马为最低。若被饶至双马之外者，均不在等级之列，只可谓为婴儿学步而已。凡初步学弈，因其易感兴趣，故入手不难，而进步则綦难，如开矿然，愈深入愈为艰难。倘进而至于一等一，其技固已臻于化境，而所向均坦途矣。

1939 年 5 月 29 日

或问一先是否十六子十六种？曰一先举右以概左，又例不上帅、不上车、不上中卒，炮少直行，实应有十二种：兵一上一，兵三上一，象三上五，士四上五，马二上三，马二上一，炮二平一、平二、平三、平四、平五、平六。二先则此十二种中任走一子，与其余十一种配合得一百三十二种，加入上马则可走车四种，又左边走一子，右子亦可动，即以十二与十二结合为一百四十四种，减去左右士象不并上二种，及平炮相抵，如炮二平三则炮不平七五种，加炮二平五，炮八上二或上四二种，实一百四十九种，连上得二先走法二百八十九种。三先者就此种类中行其一种，如兵三上一、兵七上一，其余可行之子左右但有十一种，以二百八十九与二十二，得六千三百五十种（平炮须减五种，但以进炮抵之）。四先者又以此种数与二十一结合，其数在十万种以上（以炮二平五、马二上三、车一平二、兵七上一为最多，以炮二平五、马二上三、车一平二、车九上一为最狠）。日常所用，曾有几哉。

1939 年 5 月 30 日

吴兆平口传"破让双马局"三十三，"让双马局横车局"四十三，"河炮局"六十，"中炮局"二。方绍钦"中炮局"三，"上象局"五。凡百四十六局。方氏言双马局可清得出。吴又言苟不依正局则凡局皆可破。昨与客弈，而传谱中有未及者，因补一局如下：

炮二上二　象七上五　炮八平五　马二上三　车九平八　车一平二
车一平二（变）　炮八平九　车八上六　兵三上一　车八平七

变：
马八上九　车一平二　炮八平六　车二上七

客曰以炮二平五　马二上三　车一平二　兵七上一四先叩关，屏风马应用不竭，开局至：

四先（客）：
马八上七　马八上七　车九平八　马七上六　马二上三　车二上六
兵七上一　车二平三　炮八下一　马六上四　炮八平七

向日客马不敢渡河，今夕断流而渡，扼杀我马矣，我失马得马，焉知匪福也。

接应如下：
马四上三　炮七上二　马三上二　炮三上三　炮八平七　车一上一
车九平八　炮二上四　兵五上一　炮二平三　兵五上一　炮七上三
士四上五　车一平八　兵五上一　士六上五　兵五平六　相七上五
兵六上一　兵七上一

复弃右马，以车炮兵三子归边杀也。

1939 年 6 月 1 日

氤郁沉霾中与沈生共坐，自午抵昏，凡六局，局自为法，就中"单提马应中炮"一局（一六八〇局），六十合之后，红子尚有十一而无一子可动，自成闷杀，沙场十载所未睹之奇也，爰实于此：

炮二平五　马二上三　马二上三　马八上九　兵七上一　象三上五

车一平二	车九平八	马八上七	士四上五	车二上四	车一平四
车九上一	车四上六	兵五上一	车四平三	马三下五	炮八平六
车二上五	马九下八	炮八下一	炮二上四	炮八平七	车三平四
炮五平四	车四上二	炮四下一	车四下一	马七上六	炮二平五
象七上五	炮六上三	炮四上一	车四上一	炮八下七	帅五平四
炮八下一	车四下二	炮四下一	炮六上二	车九平六	车四上二
炮四平六	炮六平三	炮六上五	马八上九	炮六下一	兵九上一
炮六平四	马八上九	兵三上一	马八上九	兵九上一	马八下七
炮四下四	马七上六	象三上一	兵九上一	象一下三	兵九上一

1939年6月3日

阴云复合，棋侣亦疏，自探玄虚，学焉而弥知不足，弈坛之下，指予熟"屏风马"，吴兆平言应三先以上屏风马局殊苦，仍以上象局为宜，不过子谱于彼而疏于此耳。比用其言，终觉象局虽稳，而太不生动，无它，致功犹浅也。昨夕仍用屏风马局应客中炮四先局，凡五局，皆不六十合而定鼎（一六八六至八八存三局），可谓善于变矣。今夕还以正着应之（一六八九局）。

炮二平五	马二上三	车一平二	兵七上一	（四先）	
马八上七	马八上七	车九平八	车二上六	马二上三	马七上六
兵七上一	炮八平六	车一平二	车九平八	士四上五	车八上六
炮八平九	车二平三	车八上二	马六上四	象三上五	马四上六
炮九下一	车三平四	炮二下一	车八平七	车二平三	炮六平七
车三平四	炮五平六	炮二平三	车七上一	车四上三	士六上五
车四上一	炮六下二	车四平八			

自负最轨于正矣。乙夜辜思兵七上一之着，尚属虚费，曾、黄二子论一先应法尚遵此旨也，今拟四先同上：

马八上七	马八上七	车九平八	车二上六	马二上三	马七上六
士四上五	马六上四	炮八平九	车二平三	车八上二	马四上六
炮九下一	炮八平七	炮二上一	马四下五	象三上五	车九平八
炮九平七	车三平四	车一平二	兵三上一	兵五上一	车四平七
兵五上一	炮五上二	马七上五	车八上六	车二上三	车七平八
炮七上六	兵七上一	车八上一	兵七上一	马二下四	兵七平六
马五上四	炮七上七	马四上三			

至炮七上六时得一马，二先负三兵，局情立于可和、胜而无负，习之十年而不尽者如此夫。

1939年6月9日

"饶双马局"起着，计有河头炮、横车、中炮三大烈局，用急攻法牵制敌势以谋先攫一子，更图致胜，复有进三七兵、上三七象、平二八炮，则用以对善析"双马局"而棋底未高者原无必胜三之道，自来传谱，言之者希（节《华字报》）。乡者视为不轨，于理不常，寓目比者，抗手难得，降格相纵，偶一为之，别具妙谛。吴、方二工，倾心相与，传谱百数，此中人语云，不足为外人道也。

港报主于周工，为不关痛切之谈，等诸无足重轻之论，自来负伎，不轻示人，强聒途人，何如自鬻，并有难言之隐，未可过责诸怀术者矣。今日乃见《华字报》，据人（张公亮）投书，谓历观弈坛，萃其英华，为横车破应上八路马凡九变局（抄入《开局法》）。吾得诸吴兆平者亦十二局，同者二三，异者五六，自其同者而观之，凡理原无二致，自其不同者而观之，兆平有独至之处，时人又那得知。

1939年6月12日

晴。午转黩，有小雨，中雨滂沱，譬犹居高屋之上，建瓴水也。

沈生（茂先）来与对六局，胜五和一，比日颇致力韧棋，以符刚克柔克之旨，沈生开局用象三上五者五局（一八一〇至一八一四局），余分应以炮八平五、象三上五、马二上三、兵三上一，沈生下子亦细，蓄机识趣，耐人寻思，稍习局法，以厕三等之林，无逊色也。

1939年6月16日

晴。

冯敬如来访，与言连夕，应客中炮四先，马前进卒，锋不可当，示以数局，指摘良多，闭门造车，自以为是者多矣。且言应着首步马二上三胜于马八上七，今夕验之，良如所言（一八二六至一八二七局），老马识途，一语抵人千百，此之谓矣。

1939年6月19日

晴。

治《竹香斋》三集，半日致力颇不易也。

初更后衣葛出门，叩湾仔小肆看群弈，是亦斯人之徒欤。冯泽方与一老弈，反执二先，睨而视之，是诡遇也，记其开局为：

炮二平五　马二上三（冯二先对陈吉初）
马八上八　车一平二　兵八上一　车二上四　炮八上二　马八上七
马二上三　炮八平九　象二上五　车九平八　炮二上二　兵七上一
士四上五　兵三上一　车二平四　兵三上一　象五上七　马三上四
车九平八　马四上二

后手陈担竿炮于河头，两马失根，又一路车不平二而平四，右炮之根亦弱，此时只消炮五平三，无论马七下九与车四上二，用左车八上五，黑军皆墨，啼笑都非矣。而谓冯泽见不及此乎。一饱之艰，逢人以伎，枉寻直尺，宜若可为，君子犹伤之，不遹迓而为之，客者两无闻，又于永邱氏之驴何讥焉。（方绍钦云：红炮五平三，黑炮二平五后再车四上二可解。信然真难算无遗策也。）夜有风自南至，风之薰兮，可解愠兮。

1939年6月20日

黟。

比夕坐隐，多不存稿。翌晨寻思，又以舍是之外无可纪者，客中长夏，正不可一日无此君，则复过而存之。荣期三乐，幸而为男，香山一生，吟而复醉，吾德不及之年与之齐矣，学如不及，犹恐失之，比日颇于柔克之道痛下功夫，知其雄守其雌，为天下溪惟能不为天下先，乃足以称雄于天下。

1939年6月27日

晡崔星槎电话：方绍钦夜战何醒武，薄莫出行亦佳，沈启英随焉。晚风拂袂，上弦欲肥，间者便是主人（东坡语），此间宁，无思蜀。姑寻驰骋之地，不暇稻粱之谋。天下良工，会师小肆，方子既至，何童子以试事辞焉，其父念予之远来，趋而召之，以一局为约，而少许胜多许矣。二更报罢，予亦与方子下二局并和，世事废兴一局棋，我弈兴在湘子桥，烽火中桥，头牛背上（韩江湘子桥头有维缆钢牛二，别尔三十许年矣）。

1939年7月1日

晴。

报上已渐忘故乡事，从此遂成隔岸秦人，视之亦不甚惜，于宫鼓钟，于林击鼓，于嗟洵兮，不我信兮。

我独南行，环车言迈，谓我何求，以写我忧。曰何（醒武）与方（绍钦），踊跃用兵，髫龄宿将，揖让一堂。可师可友，亦敌亦兄，歃血而升，君子之争。分曹执先，既仆复起，先者夺帅，皆大欢喜。方首一着，兵一进一，此在弈乘，无独有匹（何鲁荫打黄松轩越华鼎擂台，首着用此，黄应炮八平五）。何应平炮，不愧师门，策马争先，张吾三军。差之毫厘，兵七进一，开门揖盗（《孙权传》张昭语），措手不及。易马迎战，利在急攻，败固资敌，和亦兴甲。兵家者言，中炮最利，遇单提马，肘尤可掣。中卒直前，把袖揕胸，非历百战，靡不变容。方应八炮，平六进五，迅若枭隼，出如饿虎。童子泰然，弃马夺先，驱车河朔，勒石燕然。释甲言好，先兵后礼，胜固欣然，败亦可喜。同落天涯，无一而可，比夕高会，独良厚我。于我人狃，苟安赏音。殊希此乐无声，屏听者谁。嗟予好古，墨规残谱，借此谈玄，式歌且舞，归潮莽莽，行云悠悠。此物虽小，舍是奚求。（一八七〇及一八七一局）

1939 年 7 月 6 日

晴。

卢辉自羊城来会，去秋七月，江干①话别，未一月而松轩殂②，广州陷，今又及期矣，粤东国手共属此君，而一饱无时，卓锥无地，术之加进，穷而益工云乎哉。

【注释】

①干：涯岸，水边。
②殂：死亡，殂落。

1939 年 7 月 16 日

尽日纵弈，得十一局，自让一先至四先、五先，或一马二先，或双马，或一车，杜（观因）、黄（琼楼）、谢（再绵）、林（木存）、沈（启英）、客（陈）后先点将，凯旋以归，而今何意醉卧酒垆侧（一八九五至一九〇一诸局）。

1939 年 7 月 17 日

晡弈手苏天雄电招大东观局，晤省中旧识数辈，急于归饭，未获佳局。

夜有客共坐（樟林陈厶），艺可四等，而以饶双马为请，勉应四局，春色平分，既竭吾力，童子已睡（存一九〇二、一九〇三局）。

翌夕闻客陈名拱平对人言，尝看厶棋谱数年，前在羊城青年会校艺冠其一军，此调不谈久矣，比有暹罗（近改国名泰）弈工闻名逼战，故来请益耳。然则予之观人不谬也。

1939 年 7 月 19 日

夜观里人黄琼楼、陈拱平对弈三局，盖观者如堵墙，五雀六燕，交而处衡适平者。

苏天雄自言著有"饶双马局"专谱，列横车、中炮、河炮三大正局，是为急攻烈着。及进兵、上象、平炮三大偏局，是为缓攻韧着。复有提防被白吃一子法、避免中局法、必去铁兵法、先守后攻法、弃子抢攻法与析单边凤、双打象、双打士局法等，列目致佳，云已成其半也。

1939 年 7 月 20 日

黟。

先妣王太夫人忌辰，看近人文集读碑。两夕罢弈，让棋既非正局，分先又无对手，雨后多凉，适于久坐，间习小楷，味似儿时。

1939 年 7 月 21 日

王好弈，请更以弈喻。先手首着以"炮二平五"及"兵三上一"为二大支派，应炮二平五有七种，前已言之，应兵三上一应不止七种，且以何着为善，逢此官着，四达康庄，马首所瞻，恣君扬策。若在饶子之时，应者已受几重之羁勒，脱缰匪易，争道为上，尤于双马局见之，应炮二上二必马八上七，应车一上一必为马二上三，否则任走何着，失机立见，何也？此时应局无异受三先（让一马得一先）及铁兵四个条件所左右，顾此则失彼，跋尾则疐①前相逼于巇②岩峻阪间，非复钜野连营之阵，贵于马不及鞍，人不及甲之际，搴旗夺将，兵法之上上也。夕适有三局，虽未造极要，自探得三昧者，但存开局，聊证所陈，子吹竽则信工兮，固吾王所不好。

第一局：

炮二上二　马二上三　炮二平七　象三上五　车一平二　兵三上一

炮七平九　炮二平一　车二上七

第二局：

车一上一　象三上五　车一平四　士四上五　车四上七　马八上九

炮八上二　兵九上一　炮八平五　马二上三　车九平八　车一平二

车八上六　炮八平七　炮五平七　车九平八　炮七上三　炮七平三　炮二平八
第三局：
炮二上二　炮八上二　象七上五　炮二上四　士六上五　象三上五
车九平六　兵七上一　车六上七　马八上七　车六平八　炮二下二
车八上二

【注释】

① 疐：古同"踬"。
② 巇：险恶；险峻。

1939年7月25日

晴。时钖，午八十六度。

静斋来阅近记，为思误书，稽所自出，作者一瓬，读者一瓬，不自觉其席之前尔。客退，坐定者久之，比出定，时人犹争一角棋劫也。

吴兆平"让双马局"车一上一凡十二类，炮二上二凡十五类，有未尽者补之成下表（每类止录前三着）。

车一上一

（1）炮八平五应　车一平六

（2）炮二平六应　炮八上六

（3）士六上五应　车一平六

（4）士四上五应　车一平六（或）

（5）马八上七应　车一平六

（6）马二上三应　车一平四或兵七上一

（7）象三上五应　车一平四

（8）象七上五应　车一平六或炮八平五

（9）兵三上一应　车一平四

（10）兵七上一应　车一平四

（11）炮八平四应　炮二上六

（12）炮二平六应　炮八上六

（13）（补）炮二上二应　炮八上二

（14）（补）炮八上二应　炮八上二

炮二上二

（1）炮八平五应　炮八平二或车一上一

（2）炮二平五应　炮二平九

（3）士六上五应　炮八平五

（4）马八上七应　炮二平三或炮八平五或车一上一

（5）马二上三应　炮二平七

（6）象三上五应　炮八平九

（7）象七上五应　炮八平五

（8）兵三上一应　炮八平七

（9）兵七上一应　炮八平三

（10）炮八平四应　炮八平五

（11）炮二平六应　炮八上六

（12）炮二上二应　炮二平七

（13）炮八上二应　象七上五

（14）马二上一应　炮八平五

（15）马八上九应　炮八平一

（16）（补）士四上五应　炮八平五

人问"梦中棋乎？"曰："年来无此也，是怡思力日退，思之不深入矣。"子曰："甚矣吾衰也，吾不复梦见周公。"曾涤生自言："四十余岁时，每成一文，失眠数夕，五十而后久无此象，其进也欤哉，其退也。"比来无可致力之书，又少逢抗手之人，饱食终日，濯磨①之功疏矣。

【注释】

①濯磨：比喻加强修养，以期有为。

后 记

◎ 黄小安

记得小时候家中有一排书架，架前通道是我夏天午睡的地方。每次放学回家，把凉席往地上一铺，此处便是我的天地。书架上放满了书，都是父母常用的，无甚特别。但是，其中一层摆放着一包包用牛皮纸封存的东西。这是些什么？因为历史的种种原因，我父亲黄家教从未很清晰地告诉我们，只有在他打开晾晒一番时，我们才从旁悟到点滴。原来这些就是我的祖父黄际遇（字任初）的遗物，包括其个人日记及中国象棋谱等手迹原稿。

20世纪60年代及80年代，父亲与祖父的好友均有编辑出版《黄际遇先生文集》（以下简称《文集》）之议。中山大学中文系黄海章教授两次均预为之作序，父亲亦积极参与其中。由于种种原因，《文集》未能出版。父亲将黄海章教授1982年写的《〈黄际遇先生文集〉序》送载于《中山大学学报》1990年第1期，而使此序得以保存。他还将此序恭敬地誊写了一遍。1995年，父亲将祖父日记手稿赠予潮汕历史文化研究中心永久保存。然而，我们已隐隐感觉到父亲对此事的萦怀。

2007年，我和我的先生何荫坤先后面临退休后日子如何度过的问题。先生提出凭我们之力整理祖父日记的建议，我亦有尝试一下的念头。于是，我们便开始有意识地收集资料，做前期准备。2009年8月，我有幸受邀到汕头做摄影交流。不知是心血来潮，还是实有牵挂，在当地摄影界朋友的陪同下，我走访了潮汕历史文化研究中心，寻视曾伴儿时午梦、既熟悉又陌生的"伴侣"。时光荏苒，原50册棋谱《畴盦坐隐》已佚，日记亦只余《万年山中日记》24册（共27册，佚第15、16、17册）、《不其山馆日记》3册（共4册，佚第1册）、《因树山馆日记》15册（佚第6册以及第16册以后各册）、《山林之牢日记》1册等共43册在此落户安家。翻开日记，桃花依旧，人面已非，这更暗暗坚定了我抹抹尘埃的决心。

2008年6月，由陈景熙、林伦伦两位学者编著的《黄际遇先生纪念文集》出版。2014年7月，潮汕历史文化研究中心将日记合编名为《黄际遇日记》（以下简称《日记》）交汕头大学出版社影印出版。此二事对我们来说，除具先导及鞭策意义外，在资料的征集、整理、编注等方面均给我们提供了较大的方便。在此，感谢他们为此做出的努力。

然而，影印本毕竟是手写的，虽说撰写日记时间离今不算太久远（80年左右），但读写差异之大超出想象。日记大多为毛笔楷书，亦不乏篆书、行书及章草，文字大量使用古体，有得即记，文不加点，不假排比，多为治学心得，包括历史、文学、数学、楹联、书信、棋谱（中国象棋）等内容，是祖父在工作之余用以自我鞭策的个人流水簿。因此，杨方笙教授认为，"（《日记》）给人的印象就像一座知识迷宫，万户千门，不知从何而入也不知从何而出……是部很难读的日记，除内容广博外，还由于它全部用的是文言文，有些还是华丽富赡、用典很多的骈体文，文章里用了许多古今字或通假字，而且绝大部分没有断句、不加标点。如果读者不具备一定的文字学知识，几乎触目皆是荆棘，无从下手"。蔡元培先生曾云："任初教授日记，如付梨枣，须请多种专门学者担任校对，始能完善。"要将如此卷帙浩繁的《日记》译为简体字，整理归类，便于今人阅读，以我们夫妻二人"业余爱好者"的身份，应无可能。这十年间，应验了杨教授之语"触目皆是荆棘"，我们也曾有放弃之念头。但是，常有人为了修订整理各类史料"打扰"我，尽管祖父日记影印本已经出版，他们依然很难查找到各自所需。这让我想起中山大学中文系陈永正教授对我说的一句话："小安，你作为后人，有责任将文物变为文献。"祖父的日记不仅有上述之亮点，更有其重要的写实性与记录性。作为后人，我明白了我的"试错"，才能让更多的人有机会去完善。正是长辈、专家、朋友们的关爱与鼓励，使"无知无畏"的我有了"舍我其谁"的胆量，"不够完美"也许正是这套丛书的特点。

我们将《黄际遇日记》分类编为七部分，即"国立山东大学时期""国立中山大学时期""师友乡谊录""畴盦坐隐""畴盦联话""畴盦学记""畴盦杂记"。这七部分既是一个整体〔用"黄际遇日记类编"（封面用字选自黄际遇先生手稿）作为其丛书名〕，又可独立成篇。其中的注释部分，本是我们在整理《日记》的过程中作为辅助的一道工序，资料来源除了《辞海》外，主要还是以网络资料为主，然总感觉把这些资料藏于书箧有点可惜，因此将其简化后作为注释一并刊出，希望对大众能有一定的参考价值。

基于本类编的特殊性，特此说明以下几点：

1. 本类编为日记体，根据祖父日记手稿影印本整理而成。由于手稿中存在一些看不清楚、看不明白的字词句，难免导致整理时出现与原文不一致或者语义较含糊的情况。

2. 祖父的手稿，为其日常记录的随笔，故日记中出现的有关书名、学校名、机构名、人名、地名以及英文名称、数理化公式等内容难免存在错漏和前后不统一的问题，为了尊重作者的原稿，在此保留日记原貌不做更改。

3. 本类编中的日记撰写时间距今80年左右，日记手稿多为毛笔楷书，亦不乏篆书、行书及章草，且多为繁体字，兼用通假字、异体字，现全文改为规范简体字，但无对应简体字及简化后有可能导致歧义的繁体字、异体字则保留原字（包括人名、地名），以不损日记原意。

4. 关于节选的说明。本丛书为类编，会将同一天的日记内容按照类别进行拆分或做相应删减，因此书中篇目多为节选。为了简洁，在目录与正文中不一一标注"节选"二字。

转瞬间，距黄海章教授作《〈黄际遇先生文集〉序》又过去了30多年，当年曾参与编辑策划《文集》者大多已作古，健在者亦到耄耋之年。我们在此用此序作为本书的"序"之一，部分缘于黄（海章）公公与我家的世谊，但更多的是缘于我们对先辈们言行文章的崇敬。在此，要感谢的人很多。首先是今年已96岁高龄的母亲龙婉芸，她是我能将此事坚持到底的最大支持；同时告慰父亲：您一直萦怀于心的事情，我们尽力了，如今，我们特别能理解您为什么一直不敢将此重任寄托在我们肩上。其次是我的哥哥与两位姐姐，多亏他们分担了照顾母亲等许多家务琐事，让我能够专心致志。再次是在康乐园看着我们成长的中山大学中文系黄天骥、曾宪通、陈焕良教授，他们都已年过八旬，黄叔叔主动为此书作序，曾叔叔、陈叔叔不厌其烦地解答我的问题。还有就是我的小学同学钟似璇，他不仅帮忙查找资料，还在数学及英文方面给予指导与校正。最后是中山大学出版社的领导与编辑，因他们的敬业与"宽容"，才让此书顺利付梓。另外，我的先生何荫坤，为了编注此丛书，自修了许多课程，留下了十几本笔记、上百支空笔芯和三块写坏了的电脑手写板。虽然他去年因病离世，未能等到本套丛书付梓的一刻，但他是相信会有这么一天的。他那副一步一步验证祖父日记中棋谱所用的中国象棋，我将永久珍藏。

黄小安
2019年4月20日

2009年8月，黄小安在潮汕历史文化研究中心查阅资料